中国大连高级经理学院学术著作出版资助项目
中国博士后科学基金面上资助（2021M692971）

数字孪生变革

引爆企业数字化发展

马 特◎著

DIGITAL TWIN REVOLUTION

中国经济出版社
CHINA ECONOMIC PUBLISHING HOUSE
·北 京·

图书在版编目（CIP）数据

数字孪生变革：引爆企业数字化发展 / 马特著. --
北京：中国经济出版社，2023.3

ISBN 978-7-5136-7267-2

Ⅰ. ①数… Ⅱ. ①马… Ⅲ. ①数字技术-应用-企业
管理 Ⅳ. ① F272.7

中国国家版本馆 CIP 数据核字（2023）第 053076 号

责任编辑 王西琨
责任印制 马小宾
封面设计 任燕飞装帧设计工作室

出版发行 中国经济出版社
印 刷 者 北京富泰印刷有限责任公司
经 销 者 各地新华书店
开　　本 710mm × 1000mm　1/16
印　　张 11.75
字　　数 152 千字
版　　次 2023 年 3 月第 1 版
印　　次 2023 年 3 月第 1 次
定　　价 78.00 元
广告经营许可证 京西工商广字第 8179 号

中国经济出版社 **网址** www.economyph.com **社址** 北京市东城区安定门外大街 58 号 **邮编** 100011
本版图书如存在印装质量问题，请与本社销售中心联系调换（联系电话：010-57512564）

·前言·

数字化、智能化越来越受到世界各国政府的重视。世界上的大多数国家，特别是发展中国家已经把产业数字化发展当作实现当地经济腾飞的重点来扶持，纷纷加大投入力度——增设数字孪生项目、完善智能化设施、加强数字化管理，为各行各业的发展创造更加有利的条件。数字化变革是文化交流、社会沟通和贸易流通的重要载体，也是连接世界、深化合作和促进发展的重要力量。在全球经济增速放缓、贸易摩擦日益频繁的背景下，通过研究数字化变革能够有效带动经济发展，对洞察变化、把握趋势、积极努力不断创新具有重要意义。

本书的相关数字化阐述全部是在针对具体的情景、具体的问题、具体的决策的基础上进行的，每一个案例都具有一定的典型性，都是围绕大型企业的数字化发展展开的，这些在现实中我们都能够观察到，但是其背后蕴含的数字化技术知识还需要我们进行深入挖掘和归纳。它们全是特定的管理情景、特定的管理问题和特定的管理决策，是每一名管理者或执行者通常都要面对甚至是不得不面对的典型情景、典型问题和典型决策，也是今天的管理者和学员明天很有可能要面临的情景、问题和决策。所以，无论是学生还是老师，通过对数字化变革进行研究，都能够对这些情况更加清晰明了。

本书也论述了相应的案例，把知识点融汇于系统的案例当中，并且结合经典案例进行讲解和拓展，进而实现“知其然，并知其所以然”的效果，将读者在学习中可能会遇到的疑难问题以案例的形式进行了说明，以免读者在学习的过程中走弯路。本书可作为高等院校经济管理类专业相关课程的辅助教材，也可作为高职经济管理类专业师生、各界管理工作者和社会人士了解行业变革及实践的参考资料。

本书的成稿和顺利出版得到了中国大连高级经理学院和中国博士后科学基金的支持和资助，以及我的博士后合作导师董大海教授和肖兴志教授的悉心指导。在此表示感谢。

本书的出版得到了苑桂芝老师、李岩老师、马琪朵老师的大力鼓励和支持。其中，苑桂芝老师对本书进行了相关指导并提出了很多中肯的建议。在此对她们的帮助表示感谢。

同时，本书由杨书惠同学负责统筹。王萌、李锦芬、金虹霓、刘晓雯、冯美毓、丁玉瑶、余绍妍等同学查找资料、编辑整理，为本书的编写做了大量的工作。在此向以上同学表示感谢。

出版本书的最大愿望是抛砖引玉，并尝试为数字化管理领域增添一丝“新意”，为产业发展尽绵薄之力。在编写过程中，虽然尽可能全面地阅读相关资料以作参考，但自知水平有限，加之时间仓促，书中难免存在疏漏，敬请广大读者和同仁批评指正。

马　特

2023 年 2 月

目录

第一章

什么是数字孪生

一 数字孪生的内涵

数字孪生，英文名为 Digital Twin，也被称为数字映射、数字镜像。它的官方定义较为复杂，具体解释如下：

数字孪生是充分利用物理模型、传感器更新、运行历史等数据，集成多学科、多物理量、多尺度、多概率，在虚拟空间中完成映射，从而反映相对应的实体装备的全生命周期过程。数字孪生是一种超越现实的概念，可以被视为由一个或多个重要的、彼此依赖的装备组合而成的数字映射系统。

其实，简单来说，数字孪生就是在一个设备或系统的基础上，创造出一个数字版的“克隆体”，而这个创建在信息化平台上的“克隆体”是虚拟的。这项技术可以用于工厂的厂房及生产线，使其在建造之前便拥有数字化模型，从而在虚拟的赛博空间中对工厂进行仿真和模拟，并根据此参数进行实际的工厂建设。而工厂和生产线建成之后，二者可以继续在日常的运作中进行信息交互。

也许你会说，这不就是电脑上的设计图纸吗？CAD（三维模型构建技术）搞搞不就有了？

其实不然。相比于设计图纸，数字孪生最大的特点在于它是对实体对象（姑且就称为“本体”吧）的动态仿真。也就是说，数字孪生体

（Digital Twin）是会“动”的。举个例子，如果用数字孪生技术对一个飞行器进行仿真，可以包含机身、推进系统、能量存储系统、生命支持系统、航电系统以及热保护系统等，并且它可以将物理世界的参数反馈到数字世界，从而完成仿真验证和动态调整。

并且，数字孪生体不是随便乱“动”的。它“动”的依据来自本体的物理设计模型，还有本体上面传感器反馈的数据，以及本体运行的历史数据。说白了，本体的实时状态和外界环境条件，都会复现到“孪生体”身上。如果需要做系统设计改动，或者想要知道系统在特殊外部条件下的反应，工程师们可以在孪生体上进行“试验”。这样一来，既避免了对本体的影响，又可以提高效率、节约成本。

除了会“动”之外，理解数字孪生还需要记住三个关键词，分别是“全生命周期”、“实时 / 准实时”和“双向”。

（一）全生命周期

数字孪生全生命周期是源自工业界的概念。在工业制造领域，有一个词叫作“产品生命周期管理”（Product Lifecycle Management，PLM）。而“全生命周期”是指数字孪生可以贯穿产品的整个生命周期，包括设计、开发、制造、服务、维护乃至报废回收等。它不仅能帮助企业把产品更好地造出来，还能帮助用户更好地使用和维护本体。

（二）实时 / 准实时

“实时 / 准实时”是指本体和孪生体之间可以建立全面的实时或准实时联系，没有大的时延，也没有明显的滞后性。两者并不是完全独立的，映射关系也具备一定的时效性。

（三）双向

“双向”指本体和孪生体之间的数据流动可以是双向的。并非只能本体向孪生体输出数据，孪生体一样也可以向本体反馈信息。企业可以根据孪生体反馈的信息，对本体采取进一步的行动和干预，从而避免对本体造成不必要的损害。

从专业角度来讲，数字孪生是客观世界中的物化事物及其发展规律被软件定义后的一种结果。丰富的工业软件内涵以及强大的软件定义效果，让数字孪生的研究在国内外呈现百花齐放的态势。有关学者认为数字孪生与计算机辅助（CAX）软件（尤其是广义仿真软件）及数据采集、分析的发展的关系十分密切。

而在工业界，人们用软件来模仿和强化人的行为方式。例如，计算机绘图软件最早模仿的是人在纸面上作画的行为。人机交互技术发展成熟后，以下模仿行为开始出现：

用 CAD 软件模仿产品的结构与外观；

用 CAE 软件模仿产品在各种物理场情况下的力学性能；

用 CAM 软件模仿零部件和夹具在加工过程中的刀轨情况；

用 CAPP 软件模仿工艺过程；

用 CAT 软件模仿产品的测量 / 测试过程；

用 OA 软件模仿行政事务的管理过程；

用 MES 软件模仿车间生产的管理过程；

用 SCM 软件模仿企业的供应链管理过程；

用 CRM 软件模仿企业的销售管理过程；

用 MRO 软件模仿产品的维修管理过程。

依靠软件中的某些特定算法，人们已经开发出了某些具有一定智能水平的工业软件，如具有关联设计效果的产品设计系统。在文学与娱乐界，人们用软件来模拟和强化人的体验方式。例如：

用电子书模仿纸质书；

用电子音乐模仿现场音乐；

用电子琴软件弹琴；

用评书软件说书；

用卡通软件模仿漫画；

用动漫软件模仿动画影片；

用游戏软件模仿各种真实游戏；

用万年历软件快速查找某个特殊日期或“吉时”。

人们不仅可以模仿已知的、有经验的各种事物，还可以模仿各种未知的、从未体验过的事物。例如影视界可以用软件创造出诸如龙、凤、麒麟、阿凡达、白雪公主、七个小矮人等故事中的形象，当然也可以创造出更多闻所未闻、见所未见的形象。

特别是当这种模仿与 VR/AR（虚拟现实 / 增强现实）技术结合在一起的时候，所有的场景都栩栩如生、直入人心。于是，在由数字虚体构成的虚拟世界中，所有的不可能都变成可能，所有在物理世界无法体验与重复的奇妙、惊险和刺激的场景，都可以在数字空间得以实现，这最大限度地满足了人的感官体验和精神需求。

事实上，十几年前在汽车、飞机等复杂产品工程领域出现的“数字样机”的概念，就是对数字孪生的一种先行实践活动，是一种技术上的孕育和前奏。数字样机最初是指在CAD系统中通过三维实体造型和数字化预装配后，得到一个可视化的产品数字模型（几何样机），用于协调零件之间的关系，进行可制造性检查，因此基本上可以代替物理样机的协调功能。

随着数字化技术的发展，数字样机的作用也在不断增强。人们在预装配模型上进行运动、人机交互、空间漫游、机械操纵等飞机功能的模拟仿真，之后又进一步与机器的各种性能分析计算技术结合起来，使之能够模拟仿真机器的各种性能，因此将数字样机按作用从几何样机扩展到功能样机和性能样机。

以研制复杂产品而著称的飞机行业，在数字样机的应用上走在了全球前列。某些型号飞机的研制工作在20世纪末就已经围绕着数字样机展开，数字样机承载着几乎完整的产品信息。人们可以通过数字样机进行飞机方案的选择，利用数字样机进行各种制造仿真，在数字样机上检查未来飞机的各种功能，发现需要改进的地方，最终创建出符合要求的“数字飞机”，并将其交由工厂进行生产，制造成真正的物理飞机，完成整个研制过程。

无论是几何样机、功能样机，还是性能样机，都属于数字孪生的范畴。数字孪生的术语虽然是在最近几年才出现的，但是数字孪生技术内涵的探索与实践，早在十多年前就已经开始并且取得了相当多的成果。例如中国航空工业集团第一飞机研究院在21世纪初开发的飞豹全数字样机与已经服役的飞机形成了简明意义上的数字孪生关系。

数字孪生的起源

数字孪生的最初概念由密歇根大学的迈克尔·格里夫斯（Michael Grieves）命名为“信息镜像模型”（Information Mirroring Model），而后演变为“数字孪生”的术语。因为是由英文翻译而来的，所以数字孪生也被称为数字双胞胎和数字化映射。

数字孪生是基于模型的定义（MBD）深入发展起来的，企业在实施基于模型的系统工程（MBSE）的过程中产生了大量物理的、数学的模型，这些模型为数字孪生的发展奠定了基础。2012 年美国国家航空航天局（NASA）给出了数字孪生的概念描述：数字孪生是充分利用物理模型、传感器更新、运行历史等数据，集成多学科、多物理量、多尺度、多概率的仿真过程，在虚拟空间中完成映射，从而反映相对应的实体装备的全生命周期过程。为了便于理解数字孪生，庄存波等提出了数字孪生体的概念。他们认为：数字孪生是采用信息技术对物理实体（Physical Entity，PE）的组成、特征、功能和性能进行数字化定义和建模的过程。数字孪生体是指在计算机虚拟空间存在的与物理实体完全等价的信息模型，可以基于数字孪生体对物理实体进行仿真分析和优化。数字孪生是技术、过程和方法，数字孪生体是对象、模型和数据。

纵观数字孪生发展史，其起源详细分析如下：

进入 21 世纪，为了实现物理世界和信息世界的交互融合，美国和德国均提出了 Cyber-Physical System（CPS），也就是“信息—物理系统”，来作为先进制造业的核心支撑技术。通过大数据（big data）

分析、人工智能（Artificial Intelligence，AI）等新一代信息技术在虚拟世界的仿真分析和预测，以最优的结果驱动物理世界的运行。所以，数字孪生的本质就是在信息世界对物理世界的等价映射，因此数字孪生更好地诠释了 CPS，成了实现 CPS 的最佳技术。

2010 年，“数字孪生”才由 NASA 首次书面提出并得到了进一步发展。NASA 在《建模、仿真、信息技术和处理路线图》（*Modeling, Simulation, Information Technology and Processing Roadmap*）中详细说明了航天器数字孪生的定义和功能。该路线图的草案最早在 2010 年就已出现并传播，但正式版直到 2012 年才发表。与此同时，2011 年，美国空军研究实验室（Air Force Research Laboratory，AFRL）在一次演讲中也明确提到了数字孪生，AFRL 希望利用数字孪生来解决战斗机机体（air frame）的维护问题。2012 年，NASA 和 AFRL 合作共同提出了未来飞行器的数字孪生体范例，以响应未来飞行器高负载、轻质量以及极端环境下服役更长时间的需求。

2014 年，格里夫斯教授发表了关于数字孪生的白皮书，首次明确提到了“数字孪生”。根据该白皮书，数字孪生的基本概念模型包括三个主要部分：实体空间中的物理产品、虚拟空间中的虚拟产品、将虚拟产品和物理产品联系在一起的数据和信息的连接。当时，AFRL 希望实现战斗机维护工作的数字化，数字孪生则是他们想出来的创新方法。

在美国空军意识到数字孪生具有很强的实用意义的同时，另一家企业也对数字孪生产生了浓厚的兴趣，它就是美国通用电气公司（GE）。美国通用电气公司在为美国国防部提供 F-35 联合攻击机解决方案的时候，发现了数字孪生体的价值。美国通用电气公司是美国先进制造战略（美国版的工业 4.0）的主要推手。当时的美国通用电气公司一直致力于研究工业数字化，以及如何构建工业互联网体系。显然，数字孪生对工业 4.0 非常有用，可谓如鱼得水。

2015 年前后，中国也开始跟进。当时包括工业 4.0 研究院在内的多家国内研究机构和企业纷纷启动了与数字孪生相关的研究课题。

从那之后，数字孪生这个概念就开始风靡互联网界和产业界，直至今日。

三 掌握数字孪生的基本规律

在数字孪生技术的实际运用中，以下几点是始终不变的规律：

（一）多源异构数据融合

数字孪生的核心元素是数据。数据来源于物理实体、运行系统、传感器等，覆盖了模拟模型、环境数据、物理对象设计数据、维护数据、运行数据等，并贯穿于物理对象运行的始终。

数字孪生体作为数据存储平台，采集各种原始数据，进行数据融合处理，推动模拟模型各个部分的动态运行，有效地反映各种业务过程。因此，数据是数字孪生应用的“血液”，没有多源融合数据，数字孪生应用将失去动力。

（二）数据驱动高保真全映射

数字孪生系统的主体是根据物理实体和行为逻辑建立的数据驱动模型。孪生数据是实现物理实体对象和数字世界模型对象间映射的基础，包括模型、行为逻辑、业务过程、状态变化等，实现在数字世界中对物理实体的状态和行为的全面呈现、精确表达和动态监控。也就是说，可以在虚拟环境实现全要素建模，1 ∶ 1 还原真实物理场景。

（三）闭环进化协助决策

利用数字孪生中大量的历史、实时数据，结合先进的算法模型，可以在数字世界中有效地反映物理实体的状态和行为。同时，通过在数字世界中持续对物理实体进行监测、推理、优化、试错，最终形成最优值反馈给物理世界，再对物理实体改进结果持续进行监测、推理、优化、试错，形成物理实体与数字孪生相互进化的闭环，为实体对象的指令制定、过程体系的进一步优化提供了决策依据，大大提高了分析决策效率。

（四）动态化配置

组件化模型分为单元级、系统级、系统之系统级，是基于物理对象全生命周期的模型资源动态配置与集成。

同时，从数字孪生的定义可以看出，数字孪生具有以下几个典型特点：

（1）互操作性：数字孪生中的物理对象和数字空间能够双向映射、动态交互和实时连接，因此数字孪生具备以多样的数字模型映射物理实体的能力，具有能够在不同数字模型之间转换、合并和建立“表达”的等同性。

（2）可扩展性：数字孪生技术具备集成、添加和替换数字模型的能力，能够针对多尺度、多物理量、多层级的模型内容进行扩展。

（3）实时性：数字孪生技术要求数字化，即以一种计算机可识别和处理的方式管理数据以对随时间轴变化的物理实体进行表征。表征的对象包括外观、状态、属性、内在机理，形成物理实体实时状态的数字虚体映射。

（4）保真性：数字孪生的保真性指描述数字虚体的模型与物理实体的接近性。要求虚体和实体不仅要保持几何结构的高度仿真，在状态、相态和时态上也要仿真。值得一提的是，在不同的数字孪生场景下，同一数字虚体的仿真程度可能不同。例如工况场景中可能只要求描述虚体的物理性质，并不需要关注化学结构细节。

（5）闭环性：数字孪生中的数字虚体类似于程序算法加数据结构，数字虚体其实就是一段程序，只是这个程序用于描述和分析物理实体的内在机理，以便对物理实体的状态数据进行监视、分析推理，优化工艺参数和运行参数，实现决策功能，即人们赋予数字虚体和物理实体一个闭环式运转的大脑。

（五）只有“相像”而无“相等”

“Digital Twin”在翻译和理解上颇有不同，歧义发生在数字孪生应用场景中人们对“Twin”的理解上。

在相像程度上，从“生物场景 / 物理场景”的“Twin”，引申到“数字化场景”的“Digital Twin”，其本意是强调在数字空间构建的数字虚体与物理空间的物理实体非常相像。

“Digital Twin”在翻译和理解上有不同意见，在“Digital Twin”的应用场景中，对“Twin”的理解出现了歧义。“Twin”在英汉词典中几个翻译结果为：“一对双胞胎，双胞胎中的一个；双胞胎，两个相似的人或事物；一张双人床。”

但是，相像归相像，无论彼此多么像，二者也不是“是”、“等于”或“相等”的关系。因为本非同源或同生，一个数字虚体无论多么像一个物理实体，它也不是物理实体——这个客观事实必须界定清楚。

“Digital Twin”描述的“相像”，通常都仅仅是指数字虚体和物理实体在外观和宏观结构上的“相像”，而从形态、质地、行为和发展规律等方面的评价指标来看，其实差异极大，本质本源不同。

“数字双胞胎”一词，较容易引导人们把二者完全等同起来，把“貌似一模一样”误认为“就是一模一样”甚至“相等”，从而形成认知错觉。

（六）数字孪生关系并不止于“双”

即使从“相像”来看，在所指上也并非限于“双”，因为“双”字会把更多的潜在应用场景限制住——彼此相像的虚实映射事物未必只有貌似常见的“一对一”关系，其实还有以下虚实映射对应关系：

（1）“一对多”—— 一个物理实体对应多个数字虚体（一台汽车发动机可有 D/N/S 等不同的驾驶挡位，启动 / 高速 / 低速 / 磨合 / 磨损等不同的工作状态，对此，在车载软件中用不同的参数和软件模型来描述和调控）；

（2）“多对一”——多个物理实体对应一个数字虚体（例如同型号不同尺寸的螺栓或铆钉对应同一个三维 CAD 模型）；

（3）“多对多”——更为一般化的设备工作场景（例如设计阶段因数字化“构型 / 配置”不同而产生了系列化物理设备及其数字孪生体，这些设备及其数字孪生体又置身于多种实物工作场景和数字场景）。

（七）需要考虑的特殊对应模式

在一些特殊场景中，数字孪生还存在“一对少”“少对一”“一对零”“零对一”的特殊对应模式：

（1）“一对少”——一个物理实体对应一个高度抽象的数字虚体（例如一辆高铁在调度上对应一个高度简化的数字化线框模型）；

（2）“少对一”——以一部分物理实体对应一个完整数字虚体（例如一个齿轮副对应一个减速箱的“三维 CAD 模型 + 力学载荷模型”）；

（3）“一对零”——因为不知其规律、缺乏机理模型导致某些已知物理实体没有对应的数字虚体（例如暗物质、气候变化规律等）；

（4）“零对一”——人类凭想象和创意在数字空间创造的“数字虚体”，现实中没有与其对应的“物理实体”（例如数字创意中的各种形象）。

一架战斗机由数万个结构件、几十万个标准件、大量的电子元器件和机载设备构成。在从飞机的方案设计，到初步设计、详细设计、试制、试验，再到批生产、交付、运行、维护、维修，最后到报废的全生命周期中，一个标准件数字模型会对应成千上万个实物零件，一个实物零件也会对应产品设计模型、多个仿真模型、工艺模型、工艺仿真模型、生产模型、装配模型、维护维修模型等，由此形成了物理实体和数字虚体的多元化对应关系，即“一对一”“一对多”“多对一”“多对多”“一对少”“少对一”“一对零”“零对一”。因此只谈“一对一”就显得在理解上过于简单了。

综上所述，“Digital Twin”一词在翻译和理解时，既不应限定“双”的数量，也不宜理解为一模一样。该词借用“Twin”之意，所表达的是一种数字虚体与物理实体非常相像的多元化虚实映射关系。

了解了数字孪生的特点和对数字孪生不同的理解后，我们可以把握其中的规律，更好地为现实工作服务，推动创新并且即时响应客户需求，带动市场向更高层次发展。

参考文献

[1] 德勤. 工业4.0与数字孪生 [M]. 伦敦：德勤大学出版社，2018.

[2] 陈龙. 数字孪生：为城市和你创造一个虚拟副本 [EB/OL]. [2019-06-08]. https://m.huxiu.com/article/303182.html.

[3] 埃森哲. 数字孪生：打造生力产品，重塑客户体验 [R/OL]. [2019-10-19]. https://m.waitang.com/report/23070.html.

[4] 安筱鹏，肖利华. 数字基建：通向数字孪生世界的迁徙之路 [M]. 北京：电子工业出版社，2021.

第二章

数字孪生现有技术架构体系

一 数字孪生技术架构概述

如上文所说，数字孪生的应用领域十分广泛，可以帮助我们节约时间成本和资金，实现流程线上模拟，给我们的生活带来了极大的便利。那么接下来让我们了解一下数字孪生世界是如何搭建起来的吧！

构建数字化镜像，需要 IOT（物联网）、建模、仿真等基础支撑技术通过平台化的架构进行融合，搭建从物理世界到孪生空间的信息交互机制，从而形成一个环形闭合。从整体来看，一个完整的数字孪生系统应该包含以下四个实体层级：

一是数据的采集与控制实体，主要包括感知、控制、标识等技术，承担孪生体与物理对象间上行感知数据的采集和下行控制指令的执行。

二是核心实体，依托通用支撑技术，实现模型构建与融合、数据集成、仿真分析、系统扩展等功能，是生成孪生体并拓展其应用的主要载体。

三是用户实体，主要以可视化技术和虚拟现实技术为主，承担人机交互的职能。

四是跨域实体，承担各实体层级之间的数据互通和安全保障的职能。

二 基础技术

（一）感知

感知是数字孪生体系架构中的底层基础，在一个完备的数字孪生系统中，对运行环境和数字孪生组成部件自身状态数据的获取，是实现物理对象与其数字孪生系统间全要素、全业务、全流程精准映射与实时交互的重要一环。因此，数字孪生体系对感知技术提出了更高的要求，为了建立全域和全时段的物联感知体系，并实现对物理对象运行态势的多维度、多层次精准监测，不仅需要更精确可靠的物理测量技术，而且需要考虑感知数据间的协同交互，明确物体在全域的空间位置及唯一标识，并确保设备的可信可控。

感知是通过以下三种方式来实现协同交互和可信可控的：

1. 数字孪生全域标识

数字孪生全域标识是数字孪生中各物理对象及其数字孪生体在信息模型平台中的唯一身份标识，能够为物理对象赋予数字“身份信息”，支撑孪生映射。数字孪生全域标识可实现数字孪生资产数据库的物体快速索引、定位及关联信息加载。

2. 智能化技术

智能化传感器将传感器获取信息的基本功能与专用微处理器的信息分析、自校准、功耗管理、数据处理等功能紧密结合在一起，具备传统传感器所不具备的自动校零、漂移补偿、传感单元过载防护、数采模式转换、数据存储、数据分析等能力，决定了其具备较高的精度、分辨率、稳定性及可靠性，使其在数字孪生体系中不但可以作为数据采集的端口，而且可以自发地上报自身信息状态，构建感知节点。

3. 多传感器集成与融合技术

多传感器集成与融合技术通过部署多个不同类型传感器对对象进行感知，在收集观测目标多个维度的数据后，对这些数据进行特征提取的变换，提取代表观测数据的特征矢量，利用聚类算法、自适应神经网络等模式识别算法将特征矢量变换成目标属性，并将各传感器关于目标的说明数据按同一目标进行分组、关联，最终利用融合算法将目标的各传感器数据进行合成，得到与该目标具有一致性的解释与描述。

（二）网络

网络是数字孪生体系架构的基础设施。在数字孪生系统中，网络可以对物理运行环境和数字孪生组成部件自身信息交互进行实时传输，是实现物理对象与其数字孪生系统间实时交互、相互影响的前提。网络既可以为数字孪生系统的状态数据提供强有力的传输基础，满足业务对超低时延、高可靠、精同步、高并发等关键特性的演进需求，又可以帮助物理网络自身实现高效率创新，有效降低网络传输设施的部署成本并提高运营效率。

伴随物联网技术的兴起和通信模式的不断更新，网络承载的业务类型、网络所服务的对象、连接到网络的设备类型等呈现多样化发展态势，要求网络具有较高的灵活性。同时，伴随移动网络深入楼宇、医院、商超、工业园区等大众化场景，物理运行环境对确定性数据传输、广泛的设备信息采集、高速率数据上传、极限数量设备连接等的需求愈加强烈，这也相应地要求在物理运行环境中必须打破以前“黑盒”和“盲哑”状态，让现场设备、机器和系统更加透明和智能。因此，数字孪生体系架构需要更加丰富和强大的网络接入技术，以实现物理网络的极简化和智慧化运维。

三 关键技术

（一）建模

数字孪生技术模型的建立以实现业务功能为目标，建模技术最核心的竞争力在于其工具和模型库。数字孪生模型库是与建模工具相辅相成的，作为数字孪生技术的底座和核心，模型构建的理论、方法和相关工具及模型库的发展，都是数字孪生的核心技术，也都是数字孪生技术应用的有效支撑。

建模是创建数字孪生体的核心技术，也是数字孪生体进行上层操作的基础。建模不仅包括对物理实体的几何结构和外形进行三维建模，还包括对物理实体本身的运行机理、内外部接口、软件与控制算法等信息进行全数字化建模。数字孪生建模具有较强的专用特性，即不同物理实体的数字孪生模型千差万别。目前，不同领域的数字孪生建模主要借助 CAD、Matlab、Revit、CATIA 等软件实现；前两者主要面向基础建模，Revit 主要面向建筑信息模型（Building Information Modeling，BIM）建模，CATIA 则是面向更高层次的产品进行生命周期管理。

数字孪生的建模是指将物理世界的对象数字化和模型化的过程。通过建模将物理对象表达成计算机和网络所能识别的数字模型，对物理世界或问题的理解进行简化和模型化。数字孪生建模需要从多领域、多学科角度完成模型融合，以实现对物理对象各领域特征的全面刻画。建模后的虚拟对象会表现实体对象的状态，模拟实体对象在现实环境中的行为，可用其分析物理对象的未来发展趋势。物理对象的数字化建模技术是实现数字孪生的源头和核心技术，也是“数字化”阶段的核心。而模型实现方法研究主要涉及建模语言和模型开发工具等，关注如何从技术上建立数字孪生模型。在模型建立方面，相关技术方法和工具呈多元化发展趋势。当前，数字孪生建模语言主要有 Modelica、AutomationML、UML、SysML 及 XML 等。一些模型采用通用建模工具如 CAD 等进行开发，更多模型基于建模专用工具，如 FlexSim 和 Qfsm 等进行开发。

从不同层面来看，可以把模型构建分为几何模型构建、信息模型构建、机理模型构建等几种不同的类型。完成不同模型的构建后，进行模型融合，就可以实现物理实体的统一刻画。

（二）仿真

仿真是数字孪生模型验证的关键方法。仿真和建模是一对伴生体。如果说建模是对物理实体理解的模型化，那么仿真就是验证和确认这种理解正确性和有效性的工具。仿真是将具备确定性规律和完整机理的模型以软件的方式来模拟物理实体的一种技术。在建模正确且感知数据完整的前提下，仿真可以基本正确地反映物理实体在一定时段内的状态。

仿真起源于工业领域。近年来，随着工业 4.0 和智能制造等新一轮工业革命的兴起，仿真软件开始与传统制造技术及各类新兴技术结合，在研发设计、生产、制造、试验、运维等各个环节发挥了重要作用。

数字孪生体系中的仿真作为一种在线数字仿真技术，通过将包含了确定性规律和完整机理的模型转化成软件的方式模拟物理世界。只要模型正确，并拥有完整的输入信息和环境数据，基本就可以正确地反映物理世界的特性和参数，验证和确认对物理世界或问题的理解的正确性和有效性。从仿真的视角来看，数字孪生技术中的仿真属于一种在线数字仿真技术，由此可以将数字孪生理解为：针对物理实体建立相对应的虚拟模型，并模拟物理实体在真实环境下的行为。和传统的仿真技术相比，数字孪生技术中的仿真更强调物理系统和信息系统之间的虚实共融与实时交互，是贯穿全生命周期的高频次并不断循环迭代的仿真过程。因此，仿真技术不再仅仅用于降低测试成本，通过打造数字孪生，仿真技术的应用将扩展到各个运营领域，甚至涵盖产品的健康管理、远程诊断、智能维护、共享服务等方面。数字孪生可以通过模型对物理对象进行分析、预测、诊断、训练等（即仿真），并将仿真结果反馈给物理对象，从而帮助物理对象进行优化和决策，因此，仿真技术是创建和运行数字孪生体、保证数字孪生体与对应物理实体实现有效闭环的核心技术。

为了更好地理解仿真技术，我们对被仿真对象进行一个简单的分类，按所用模型的类型（物理模型、数学模型、物理—数学模型）分为物理仿真、计算机仿真（数学仿真）、半实物仿真；按所用计算机的类型（模拟计算机、数字计算机、混合计算机）分为模拟仿真、数字仿真和混合仿真；按仿真对象中的信号流的类型（连续的、离散的）分为连续系统仿真和离散系统仿真；按仿真时间与实际时间的比例关系分为实时仿真

（仿真时间标尺等于自然时间标尺）、超实时仿真（仿真时间标尺小于自然时间标尺）和亚实时仿真（仿真时间标尺大于自然时间标尺）；按被仿真对象的性质分为宇宙飞船仿真、化工系统仿真、经济系统仿真等；按被仿真的对象的类型分为工程系统仿真、自然系统仿真、社会系统仿真、生命系统仿真、军事系统仿真等；按仿真粒度分为单元级仿真、系统级仿真、体系级仿真；按仿真系统架构的类型分为集中式仿真和分布式仿真。

（三）云计算与边缘计算

云计算（cloud computing）是分布式计算的一种，指的是通过网络“云”将巨大的数据计算处理程序分解成无数个小程序，然后通过由多部服务器组成的系统处理和分析这些小程序，得到结果并反馈给用户。云计算早期，简单地说，就是简单的分布式计算，进行任务分发，并进行计算结果的合并。因而云计算又被称为网格计算。通过这项技术，可以在很短的时间（几秒钟）内完成对数以万计的数据的处理，从而实现强大的网络服务。

云计算为数字孪生提供了重要的计算基础设施。云计算采用分布式计算等技术，集成强大的硬件、软件、网络等资源，为用户提供便捷的网络访问。用户使用按需计费的、可配置的计算资源共享池，借助各类应用及服务实现目标功能，且无须关心功能实现的方式，显著提升了用户开展各类业务的效率。云计算根据网络结构可分为私有云、公有云、混合云和专有云等，根据服务层次又可分为基础设施即服务（IaaS）、平台即服务（PaaS）和软件即服务（SaaS）。

边缘计算是指在靠近物或数据源头的一侧，通过融网络、计算、存储、应用核心能力为一体的开放平台，就近提供最近端服务。其应用程序在边缘侧发起，产生更快的网络服务响应，满足行业在实时业务、应用智能、安全与隐私保护等方面的基本需求。边缘计算处于物理实体和工业连接之间，或处于物理实体的顶端。云端计算可以访问边缘计算的历史数据。

边缘计算将云计算的各类计算资源配置到更贴近用户侧的边缘，即计算可以在如智能手机等移动设备、边缘服务器、智能家居、摄像头等靠近数据源的终端上完成，从而减少与云端之间的传输流程，降低服务时延，节省网络带宽，减少安全和隐私问题。

云计算和边缘计算通过以云边端协同的形式为数字孪生提供分布式计算基础。在终端采集数据后，将一些小规模局部数据留在边缘端进行轻量机器的学习及仿真，只将大规模的整体数据回传到中心云端进行大数据分析以及深度学习训练。对高层次的数字孪生系统来说，这种云边端协同的形式更能够满足系统的时效、容量和算力的需求，即将各个数字孪生体靠近对应的物理实体进行部署，完成一些具有时效性或轻度的需要，同时将所有边缘侧的数据及计算结果回传至数字孪生总控制中心，进行整个数字孪生系统的统一存储、管理及调度。

（四）大数据与人工智能

大数据或称巨量资料，所涉及的资料量规模巨大。使用主流软件工具撷取、管理、处理这些数据，在合理时间内无法达到帮助企业进行经营决策的目的。

人工智能是研究、开发用于模拟、延伸和扩展人的智能的理论、方法、技术及应用系统的一门新的技术科学。人工智能学科研究的主要内容包括知识表示、自动推理和搜索方法、机器学习和知识获取、知识处理系统、自然语言理解、计算机视觉、智能机器人、自动程序设计等方面。

大数据与人工智能是数字孪生体实现认知、诊断、预测、决策等各项功能的主要技术支撑。大数据的特征是数据体量庞大，数据类型繁多，数据实时在线，数据价值密度低但商业价值高。传统大数据的相关技术主要围绕数据的采集、整理、传输、存储、分析、呈现、应用等。但是随着近年来各行业领域数据的爆发式增长，大数据开始需要更高性能的算法支撑以对其进行分析处理，而正是这些需求促成了人工智能技术的诸多发展突破。二者可以说是相伴而生的，人工智能需要大量的数据作为预测与决策的基础，大数据需要人工智能技术进行数据的价值化操作。目前，人工智能已经发展出更高层级的强化学习、深度学习等技术，能够满足与大规模数据相关的训练、预测及推理等工作需求。

在数字孪生系统中，数字孪生体能接收大量来自物理实体的实时数据，借助各种人工智能算法，模拟出面向不同需求场景的模型，根据这些模型完成后续的诊断、预测及决策任务，甚至在物理机制不明确、输入数据不完善的情况下也能够实现对未来状态的预测，使得数字孪生体具备“先知先觉”的能力。

（五）物联网

物联网是承载数字孪生体数据交流的重要工具。物联网通过各类信息感知技术及设备，实时采集监控对象的位置、声、光、电、热等数据，并通过网络传回，实现物与物、物与人之间的连接，完成对监控对象的智能化识别、感知与管控。

物联网能够为数字孪生体和物理实体之间的数据交互提供链接，即通过物联网中部署在物理实体关键点的传感器感知必要信息，再通过各类短距无线通信技术（如 NFC、RFID、Bluetooth 等）或远程通信技术（互联网、移动通信网、卫星通信网等）传输到数字孪生体。

（六）VR、AR、MR

VR 的全称为 Virtual Reality，即虚拟现实技术，又称灵境技术，具有沉浸性、交互性和构想性的特征。VR 技术集合了计算机图形学、仿真技术、多媒体技术、人工智能技术、计算机网络技术、并行处理技术和多传感器技术等多种技术，模拟人的视觉、听觉、触觉等感觉器官的功能，使人宛如身临其境，沉浸在计算机生成的虚拟世界中，并能通过语言、手势等进行实时交流，增强体验感和沉浸感。VR 技术能让人在感受真实世界的同时，突破时空等条件限制，体验进入虚拟世界的奇妙。

AR 的全称为 Augmented Reality，即增强现实技术。这项技术是利用电脑技术将虚拟的信息叠加到真实世界，通过手机、平板电脑等电子设备显示出来，并被人们感知，从而实现真实与虚拟的大融合，丰富现实世界。简而言之，就是使本身内容“活起来”，赋予实物更多的信息，增强立体感，加强视觉效果和互动体验感。

MR 的全称为 Mixed Reality，即混合现实技术，是虚拟现实技术的进一步发展。它通过在虚拟环境中引入现实场景信息，在虚拟世界、现实世界和用户之间搭起一个交互反馈信息的桥梁，目的是增强用户体验的真实感。MR 技术的关键点就是与现实世界进行交互和信息的及时获取，因此它的实现需要在一个能与现实世界各事物相互交互的环境中。

VR、AR、MR 技术是使数字空间的交互更加贴近物理实体的实现途径。VR 将构建的三维模型与各种输出设备结合，模拟出能够使用户体验脱离现实世界并可以交互的虚拟空间。AR 是虚拟现实的发展，其将虚拟世界内容与现实世界内容叠加在一起，从而实现超越现实的感官体验，使用户体验到的不仅仅是虚拟空间。MR 在增强现实的基础上搭建好了用户与虚拟世界及现实世界的交互渠道，进一步增强了用户的感官体验。

在 VR、AR、MR 技术的支撑下，用户与数字孪生体的交互开始类似于物理实体的交互，而不再仅仅局限于传统屏幕的呈现，使得数字化的世界在感官和操作体验上更接近现实世界，根据数字孪生体制定的针对物理实体的决策将更加准确，更加贴近现实。

参考文献

中国信通院，工业互联网产业联盟. 工业数字孪生白皮书（2021）[EB/OL]. [2021-11-30]. https://wap.cnki.net/touch/web/Journal/Article/GYKJ202112008.html.

第三章

数字孪生五维模型及其应用

为使数字孪生进一步在更多领域落地应用，北航数字孪生技术研究团队对已有的三维模型进行了扩展，并增加了孪生数据和服务两个新维度，创造性提出了数字孪生五维模型的概念，如式（3-1）所示。

$$MDT=(PE, VE, Ss, DD, CN) \tag{3-1}$$

式中，*PE* 表示物理实体，*VE* 表示虚拟实体，*Ss* 表示服务，*DD* 表示孪生数据，*CN* 表示各组成部分间的连接。

一 物理实体

物理实体是数字孪生五维模型的构成基础。对 *PE* 的准确分析与有效维护不仅是建立数字孪生五维模型的前提，同时也是建立微软 MDT 的前提。*PE* 本身具有层次性，按照其功能及结构的区别可以划分为三个层级，即单元级（unit）*PE*、系统级（system）*PE* 和复杂系统级（system of systems）*PE*。以数字孪生车间为例来解释 *PE* 层级，车间内各设备可视为单元级 *PE*，是功能实现的最小单元；根据产品的工艺及工序，由设备组合配置构成的生产线可视为系统级 *PE*，可以完成特定零部件的加工任务；而由生产线组成的车间可视为复杂系统级 *PE*，这是一个包括物料流（物料流指原材料、外构件、半成品、零件、组件、部件，从加工、检验、装配、试验、存储、运输直到产品出厂的全过程）、能量流（能量流是指能量在生态系统中的流动过程，如太阳辐射的能量转变为植物的化学能，然后通过食物链，使能量在各级消费者之间流动即构成能量流）与信息流（信息流的广义定义是指人们采用各种方式来实现信息交流，从面对面的直接交谈直到采用各种现代化的传递媒介，包括信息的收集、传递、处理、储存、检索、分析等渠道和过程；狭义定义是指从现代信息技术研究、发展、应用的角度看，信息处理过程中信息在计算机系统和通信网络中的流动）的综合复杂系统，能够实现各子系统间的组织、协调、管理等。

根据不同应用需求和管控力度对 *PE* 进行分层是分层构建的基础。例如，针对单个设备构建单元级 *PE*，从而实现对单个设备的监测、故障预测和维护等；针对生产线构建系统级 *PE*，从而对生产线的调度、进度控制和产品质量控制等进行分析及优化；针对整个车间构建复杂系统级 *PE*，对各子系统及子系统间的交互与耦合关系进行描述，从而对整个系统演化进行进一步分析与预测。

与此同时，物理实体与数字孪生体也存在一定关系，主要有以下四点：

（1）映射关系：一实一虚，二者相互对应。

（2）诞生顺序：先有物理实体，而后再有数字孪生体。物理实体是数字孪生的基础，是其基础数据的来源，而数字孪生体又是对物理实体的进一步展现、放大与控制。二者的融合正在促进现代新工业的发展和创新。

（3）重要性：没有物理实体就无法完成实体工业的加工过程，也无法生产出国计民生所需要的物质基础；而没有数字孪生体，就无法实现对实体工业的智能推演和控制，这将阻碍新工业的转型升级。所以，想要更好地推进社会的发展，就必须坚持虚实结合的方针，二者缺一不可。

（4）创新性：二者的结合让产品研发、调试、生产等环节都有了更多的选择，并且节约了更多的成本投入，也使更多新技术、新模式、新工业的产生有了更大的可能性。

二 虚拟实体

如式（3-2）所示，*VE* 包括几何模型（G_V）、物理模型（P_V）、行为模型（B_V）和规则模型（R_V），这些模型能从多时间尺度、多空间尺度对 *PE* 进行描述与刻画。

$$VE=(G_V, P_V, B_V, R_V) \tag{3-2}$$

式中，G_V 描述 *PE* 几何参数（如形状、尺寸、位置等）与关系（如装配关系）的三维模型，其与 *PE* 具备良好的时空一致性，对细节层次的渲染可使其从视觉上更加接近 *PE*。G_V 可利用三维建模软件或仪器设备（如三维扫描仪）来创建。

P_V 在 G_V 的基础上增加了 *PE* 的物理属性、约束、特征等相关信息，通常可用三维建模软件等工具从微观及宏观尺度进行刻画与动态的数学模拟，如结构、流体、电场、磁场建模仿真分析等。

B_V 则描述了不同粒度、不同空间尺度下的 *PE* 在不同时间尺度下的外部环境与干扰，以及内部运行机制共同作用下产生的实时响应和行为，如随时间推进产生的演化行为、动态功能行为、性能退化行为等。创建 *PE* 的行为模型是一个复杂的过程，涉及问题模型、评估模型、决策模型等多种模型的构建，可利用有限状态机（有限状态机是一种用来进行对象行为建模的工具，其作用主要是描述对象在它的生命周期内所经历的状态序列，以及如何响应来自外界的各种事件）、马尔可夫链（马尔可夫链是一组具有马尔可夫性质的离散随机变量的集合）、神经网络、复杂网络、基于本体的建模方法等创建。

R_V 包括基于历史关联数据的规律规则，是基于隐性知识总结的经验，以及相关领域的标准与准则等。这些规则会随着时间的推移自增长、自学习、自演化，使 *VE* 具备实时的判断、评估、优化及预测等能力，从而能对 *PE* 进行控制和运行指导，还能对 *VE* 进行校正与一致性分析。

通过对上述四类模型进行组装、集成与融合，可以创建对应 *PE* 的完整 *VE*。同时可以通过模型校核、检验和确认，来验证 *VE* 的一致性、准确度、灵敏度等数据，确保 *VE* 能真实映射 *PE*。此外，也可使用 VR 与 AR 技术实现 *VE* 与 *PE* 虚实叠加及融合显示，增强 *VE* 的沉浸性、真实性与交互性。

三 孪生数据

孪生数据 *DD* 是数字孪生的驱动。如式（3-3）所示，*DD* 主要包括 *PE* 数据（D_P）、*VE* 数据（D_V）、*Ss* 数据（D_S）、知识数据（D_K）及融合衍生数据（D_F）。

$$DD=(D_P,\ D_V,\ D_S,\ D_K,\ D_F) \tag{3-3}$$

式中，D_P 主要包括体现 *PE* 规格、功能、性能、关系等的物理要素属性数据与能反映 *PE* 运行状况、实时性能、环境参数、突发扰动等的动态过程数据，可通过传感器、嵌入式系统、数据采集卡等方式进行采集；

D_V 主要包括与 VE 相关的数据，如几何尺寸、装配关系、位置等几何模型的相关数据，材料属性、载荷、特征等物理模型的相关数据，驱动因素、环境扰动、运行机制等行为模型的相关数据，约束、规则、关联关系等规则模型的相关数据以及基于上述模型开展的过程仿真、行为仿真、过程验证、评估、分析、预测等的仿真数据；D_S 主要包括 FService 相关数据（如算法、模型、数据处理方法等）与 BService 相关数据（如企业管理数据、生产管理数据、产品管理数据、市场分析数据等）；D_K 主要包括专家知识、行业标准、规则约束、推理推论、常用算法库与模型库等；而 D_F 是对 D_P、D_V、D_S、D_K 进行数据转换、预处理、分类、关联、集成、融合等相关处理后所得到的一连串衍生数据，通过融合物理实况数据与多时空关联数据、历史统计数据、专家知识等信息数据得到信息物理融合数据，从而获取并反映更加全面与准确的信息，进一步实现信息的共享与增值。

四 连接

CN 负责实现各组成部分之间的互联互通。如式（3-4）所示，*CN* 包括 *PE* 和 *DD*（孪生数据）的连接（*CN_PD*）、*PE* 和 *VE* 的连接（*CN_PV*）、*PE* 和 *Ss*（服务）的连接（*CN_PS*）、*VE* 和 *DD*（孪生数据）的连接（*CN_VD*）、*VE* 和 *Ss*（服务）的连接（*CN_VS*）、*Ss*（服务）和 *DD*（孪生数据）的连接（*CN_SD*）。

$$CN=(CN\_PD, CN\_PV, CN\_PS, CN\_VD, CN\_VS, CN\_SD) \tag{3-4}$$

式中：

（1）*CN_PD* 负责实现 *PE* 和 *DD*（孪生数据）的交互：可利用各种传感器、嵌入式系统、数据采集卡等对 *PE* 数据进行实时采集，通过 MQTT（ISO 标准下基于发布 / 订阅范式的消息协议，消息队列遥测传输）等协议规范传输至 *DD*（孪生数据）；相应地，*DD*（孪生数据）中经过处理后的数据或指令可通过 OPCUA（OPC Unified Architecture，基于 OPC 统一架构的时间敏感网络技术）、MQTT、COAP（一种计算机协议，应用于物联网，基于 REST 架构）等协议规范传输并反馈给 *PE*，以实现 *PE* 的运行优化。

（2）*CN_PV* 负责实现 *PE* 和 *VE* 的交互：*CN_PV* 与 *CN_PD* 的实现方法及协议类似，即将采集的 *PE* 实时数据传输至 *VE*，以用于更新校正各类数字模型；将采集的 *VE* 仿真分析等数据转化为控制指令下达至 *PE* 执行器，以实现对 *PE* 的实时控制。

（3）*CN_PS* 负责实现 *PE* 和 *Ss* 的交互：同样地，*CN_PS* 与 *CN_PD* 的实现方法及协议类似，即将采集的 *PE* 实时数据传输至 *Ss*，以实现对 *Ss* 的更新与优化；*Ss* 产生的操作指导、专业分析、决策优化等结果将以应用软件或移动端 App 的形式提供给用户，并通过人工操作实现对 *PE* 的调控。

（4）*CN_VD* 负责实现 *VE* 和 *DD* 的交互：通过 JDBC-ODBC（这种类型的驱动把所有 JDBC 的调用传递给 ODBC，再让后者调用数据库本地驱动代码，也就是数据库厂商提供的数据库操作二进制代码库）等数据库接口，一方面将 *VE* 产生的仿真及相关数据实时存储到 *DD* 之中，另一方面实时读取 *DD* 的融合数据、关联数据、生命周期数据等驱动动态仿真。

（5）*CN_VS* 负责实现 *VE* 和 *Ss* 的交互：可通过 Socket（套接字，就是对网络中不同主机上的应用进程之间的双向通信的端点进行抽象）、RPC（Remote Procedure Call，远程过程调用）协议、MQSeries（是个通信系统，它在各种广泛的硬件和软件平台之间提供确保的、异步的、一次性数据发送）等软件接口实现 *VE* 与 *Ss* 的双向通信，完成直接的指令传递、数据收发、消息同步等操作。

（6）*CN_SD* 负责实现 *Ss* 和 *DD* 的交互：与 *CN_VD* 类似，即通过 JDBC-ODBC 等数据库接口，一方面将 *Ss* 的数据实时存储到 *DD*，另一方面实时读取 *DD* 中的历史数据、规则数据、常用算法及模型来支持 *Ss* 的运行与优化。

五 服务

Ss 是指对数字孪生应用过程中所需要的各类数据、模型、算法、仿真和结果进行服务化封装，形成的以工具组件、中间件、模块引擎等形式支撑数字孪生内部功能运行与实现的“功能性服务”（FService），以及以应用软件、移动端 App 等形式满足不同领域、不同用户、不同业务需求的“业务性服务”（BService）。其中 FService 为 BService 的实现和运行提供技术及数据支撑。

FService 主要包括：①面向 *VE* 提供的模型管理服务，如建模仿真服务、模型组装与融合服务、模型 VV&A 服务、模型一致性分析服务等；②面向 *DD* 提供的数据管理与处理服务，如数据存储、封装、清洗、关联、挖掘、融合等服务；③面向 *CN* 提供的综合连接服务，如数据采集服务、感知接入服务、数据传输服务、协议服务、接口服务等。

BService 主要包括：①面向终端现场操作人员的操作指导服务，如虚拟装配服务、设备维修维护服务、工艺培训服务；②面向专业技术人员的专业化技术服务，如能耗多层次多阶段仿真评估服务、设备控制策略自适应服务、动态优化调度服务、动态过程仿真服务等；③面向管理决策人员的智能决策服务，如需求分析服务、风险评估服务、趋势预测服务等；④面向终端用户的产品服务，如用户功能体验服务、虚拟培训服务、远程维修服务等。这些服务对于用户而言是一个屏蔽了数字孪生内部异构性与复杂性的黑箱，通过应用软件、移动端 App 等形式向用户提供标准的输入输出，可以降低数字孪生应用实践中对用户专业能力与知识的要求，借此来实现便捷的按需使用。

六 十大领域应用探索

基于上述对数字孪生五维模型的研究，下面将进一步探讨数字孪生五维模型在卫星 / 空间通信网络、船舶、车辆、电厂、飞机、复杂机电装备、立体仓库、医疗、驾车机、城市十个领域的应用。

（一）数字孪生卫星工程

近年来，卫星互联网引起了各界高度关注，形成了全球性的发展热潮。其基于低轨卫星通信系统建立，具有星座规模大、建设周期短、项目流程长、投入成本高的特点，这也对卫星产业的研制、应用和管理水平提出了全新的要求。为应对卫星产业面对的技术发展、产业升级和工程需求等挑战，需要提升卫星产业数字化、网络化、智能化、服务化水平，为此将数字孪生技术引入卫星工程中，参照数字孪生五维模型，与卫星工程中的关键环节、关键场景、关键对象紧密结合，提出数字孪生卫星工程的概念，基于模型与数据，对物理空间的卫星工程进行实时的模拟、监控、反映等操作，并借助算法、管理方法、专家知识、软件等对卫星工程进行同步分析、评估，进而辅助卫星工程各阶段的管控与协同工作。

（二）数字孪生船舶全生命周期管控

面对全球制造业产业转型升级趋势，船舶行业的发展依旧面临着设计能力落后、运维管控数字化水平低、配套产业发展滞后等问题。而将数字孪生技术与船舶工业结合，并参照数字孪生五维模型，开展基于数字孪生的船舶设计、制造、运维、使用等全生命周期一体式管控，可以有效解决上述问题。

（三）数字孪生车辆抗毁伤评估

车辆作为人类主要的交通工具之一，是一个涵盖材料科学、机械设计、控制科学等的复杂系统。在多样化的工作条件下，车辆的壳体材料、内部构造、零部件及其功能等，均可能在工作过程中出现异常状况。不同的毁伤源（例如碰撞、粉尘、外部攻击等）会对车辆造成不同程度的影响，因此需要对车辆进行抗毁伤性能评估。现阶段对抗毁伤性能的评估一般采用物理模拟毁伤的方式，但是这种方式费用高且精度低、置信度差。参照数字孪生五维模型，提出了一种基于数字孪生技术的车辆抗毁伤评估方法，即从材料、结构、部件及功能等多维度对车辆的抗毁伤性能进行综合评价。

（四）数字孪生电厂智能管控

火力发电是目前我国最主要的发电方式。但由于火力发电厂需要长时间运行，并且工作环境复杂、温度高、粉尘多，电厂设备不可避免地会发生故障。实现电厂设备健康平稳运行，并保证电力的稳定供给及电力系统的可靠与安全是十分重要的。为实现上述目标，北京必可测科技股份有限公司开发了基于数字孪生的电厂智能管控系统，从而实现了汽轮发电机组轴系可视化智能实时监控、可视化大型转机在线精密诊断、地下管网可视化管理以及可视化三维作业指导等应用服务。

（五）数字孪生飞机起落架结构优化设计

飞机总体设计是飞机研制的根基，现阶段的飞机优化设计仍存在变量耦合度高、数据缺乏和指标获取困难等问题。起落架作为飞机重要的承力与操纵性部件，承受着静态和动态的高负载，周而复始的工作更会对其结构产生破坏，所以实现对起落架结构的优化设计，对于提升飞机的安全性与可靠性有着重要意义。北航陶飞团队与沈阳飞机工业集团合作，以飞机起落架为例，参照数字孪生五维模型，探索了基于数字孪生的起落架载荷预测（主起落架是飞机在地面停放、滑行、起降时，起落装置中承受主要载荷的起落架部件。在前三点式起落架中，指装在飞机重心后面的起落架）辅助优化设计方法。

（六）数字孪生复杂机电装备故障预测与健康管理

复杂机电装备具有结构复杂、运行周期长、工作环境恶劣等特点。实现复杂机电装备的失效预测、故障诊断、维修维护，保证复杂机电装备的高效、可靠、安全运行，对整个电力系统都十分重要。故障预测与健康管理（Prognostics and Health Management，PHM）技术可利用各类传感器及数据处理方法，对设备状态监测、故障预测、维修决策等进行综合考虑与集成，从而提升设备的使用寿命与可靠性。然而，现阶段 PHM 技术存在模型不准确、数据不全面、虚实交互不充分等问题，这些问题的根本原因是缺乏信息物理的深度融合。

因此，北航数字孪生技术研究团队将数字孪生五维模型引入 PHM 中，提出了基于数字孪生的 PHM 方法。该方法首先对物理实体建立数字孪生五维模型并校准；其次基于模型与交互数据进行仿真，对物理实体参数与虚拟仿真参数的一致性进行判断，根据二者的一致性或不一致性，可分别对渐发性与突发性故障进行预测与识别；最后，根据故障原因及动态仿真验证进行维修策略的设计。该方法在风力发电机的健康管理上进行了如下应用探讨：可在物理风机的齿轮箱、电机、主轴、轴承等关键零部件上部署相关传感器进行数据的实时采集与监测。基于采集的实时数据、风机的历史数据及领域知识等可构建虚拟风机的几何—物理—行为—规则多维虚拟模型，实现对物理风机的虚拟映射。基于物理风机与虚拟风机的同步运行与交互，可通过物理与仿真状态交互和对比、物理与仿真数据融合分析及虚拟模型验证分别实现面向物理风机的状态检测、故障预测及维修策略设计等功能。这些功能可封装成服务，并以应用软件的形式提供给用户。

基于数字孪生五维模型的 PHM 方法可利用连续的虚实交互、信息物理融合数据，以及虚拟模型仿真验证增强设备状态监测与故障预测过程中的信息物理融合的程度，从而提升 PHM 方法的准确性与有效性。

（七）数字孪生立体仓库

自动化立体仓库是一种利用高层立体货架来实现货物高效自动存取的仓库，由存储货架、出入库设备、信息管控系统组成，集仓储技术、精准控制技术、计算机信息管理系统于一身，是现代物流系统的重要组成部分。但目前用传统方法设计的立体仓库仍然存在出入库调度效率低、仓库利用率低、吞吐量有待提高等问题。而数字孪生五维模型可为立体仓库的再次设计优化、远程运维以及共享仓库等问题提供有效解决方案。

（八）数字孪生医疗

随着经济的发展和生活水平的提高，人们越来越意识到健康的重要性。然而，疾病“预防缺”、患者“看病难”、医生“任务重”、手术“风险大”等问题依然困扰着医疗服务的发展。数字孪生技术的进步和应用使其成为改变医疗行业现状的有效切入点。未来，每个人都将拥有自己的数字孪生。结合医疗设备数字孪生（如手术床、监护仪、治疗仪等）与医疗辅助设备数字孪生（如人体外骨骼、轮椅、心脏支架等），数字孪生将会成为个人健康管理、健康医疗服务的新平台和新实验手段。

（九）数字孪生驾车机

数字孪生技术的“虚拟实体与物理实体高保真同步”“虚拟实体与物理实体交互与优化”“基于虚拟实体的仿真预测”等能力与特性，为复杂设备的健康管理、故障诊断与预警提供了一种有效的方式。因此，陶飞的团队将数字孪生应用到驾车机中，依托现场数据采集与分析，提供驾车机故障分析、寿命预测、远程管理等增值服务。

基于数字孪生驾车机五维模型，北航团队开发了驾车机故障诊断与设备健康管理平台，主要功能包括驾车机状态实时三维可视化展示、升降高度数据展示、限位状态展示、车辆编组设定、故障报警数据展示及记录、历史数据分析、机理模型分析、故障类型及时间预测、设备健康管理等。

（十）数字孪生城市

城市是一个开放、庞大的复杂系统，具有人口密度大、基础设施密集、子系统耦合等特点。如何实现对城市各类数据信息的实时监控且围绕城市的顶层设计、规划、建设、运营、安全、民生等多方面对城市进行高效管理，是现代城市建设的核心问题。借助数字孪生技术，参照数字孪生五维模型，构建数字孪生城市，将极大地改变城市面貌，重塑城市基础设施，实现城市管理决策协同化和智能化，有效确保城市安全有序运行。

案例分析

（1）数字孪生车辆抗毁伤评估。

参照数字孪生五维模型，陶飞团队提出的基于数字孪生技术的车辆抗毁伤评估方法是通过实体车辆与虚拟车辆的实时信息交互与双向真实映射，实现物理车辆、虚拟车辆以及服务的全生命周期、全要素、全业务数据的集成和融合，从而提供安全可靠的抗毁伤评估的服务。数字孪生车辆由物理车辆、虚拟车辆、孪生数据、动态实时连接和服务五部分组成。物理车辆由车辆本身及其传感系统共同组成，传感系统从车辆实体中采集毁伤相关数据并传递到虚拟空间，支持虚拟车辆的高精度仿真。

通过物理数据与虚拟数据等数据的融合，进行虚拟车辆抗毁伤性能的特征提取并辅助模型的构建。虚拟车辆是包含几何模型、物理模型、行为模型以及规则模型的多维度融合的高保真模型，能够真实刻画和映射物理车辆的状态。动态实时连接是在现代信息传输技术的驱动下，通过高效、快捷、准确的检测技术，实现实体车辆、虚拟车辆、服务等之间的实时信息交互。车辆抗毁伤性能评估是整合车辆的历史数据以及实时数据，从车辆的材料、结构、部件、功能等多维度进行综合分析。

通过数字孪生技术能够实现对车辆的材料性能、结构变化、部件完整性以及功能运行的精确仿真，从而对车辆的抗毁伤状态进行精准预测与可靠评估，对车辆的毁伤情况和抗毁伤性能有更加全面和深入的了解。此外，相关数据的积累能够促进下一代车辆产品抗毁伤性能的改进和优化。

（2）数字孪生技术与电梯行业融合分析。

目前，我国电梯年产量、保有量、年增长量均为世界第一。随着保有量的迅速增长，电梯的使用愈加频繁，电梯使用带来的安全风险也日益受到社会各方的关注，这对现有的电梯安全监管模式提出了巨大的挑战。数据技术（Data Technology，与 Information Technology 即信息技术相对应，由马云在世界互联网大会上演讲时正式提出）的发展从全生命周期层面为保障电梯安全运行提供了条件。

数据技术通过产品全生命周期管理保障电梯的安全运行主要涉及以下四个环节：

设计环节：传统的电梯设计方法缺乏完整、有效、充分的电梯全生命周期数据的支撑，没有有效的知识库辅助设计决策，缺乏精确的仿真方法，设计验证困难且周期长。数据技术可以有效解决上述问题，大量的电梯设计、制造、安装、使用等孪生数据能够支持知识数据库的建设，并辅助相关设计工作；同时数据技术高拟真的仿真环境，可以提高设计验证能力，缩短设计研发周期，避免直到使用时才发现电梯存在缺陷，避免“原生”事故隐患的发生。

制造环节：电梯或电梯的关键部件的制造质量影响着产品的成本和最终性能，目前制造环节仍存在着原型设计与工艺设计脱节、二维工艺文件直观性差等问题。数据技术与制造环节融合，可以实现对制造车间实时监控、数字化管理和工艺优化，从而确保产品制造质量和原型设计保持一致；同时还可以以三维工艺文件的形式辅助人工操作，用于后续的工艺指导，这使得文件可读性大大提升。

安装环节：电梯是一种现场组装的特种设备，其安装质量直接影响到电梯使用的安全，且土建可接受误差范围较大，传统的安装设计与实际建筑物结合不紧密，存在脱节现象。利用数据技术，可以针对电梯的安装过程建立数字孪生体模型，不仅能够为知识数据库提供安装数据，扩充电梯安全监管维度，还能利用高模拟仿真，有效降低变更安装设计文件的安全风险并减少验证时间。

维护保养环节：维护和保养对保障电梯安全具有极其重要的意义，准确有效的运维方案能够大大地提高电梯故障预测和健康管理的效率。目前电梯维护保养模式为定期保养，存在“过维保”或“欠维保”现象，不能有效提高电梯安全性，且对电梯进行故障预测的工作也相对缺乏，既受限于实时数据的缺乏，同时在理论方法上也存在着许多不足。基于数据技术的电梯故障预测与健康管理，能够基于多维度、多尺度动态实时数据采集与处理，实现快速捕捉故障现象，准确定位故障原因，同时评估设备状态进行针对性预测维护，提高电梯安全性。

由此可见，数据技术与电梯行业的高质量发展目标不谋而合，数据技术能够为电梯行业的智能监管提供强有力的理论支撑和实践指导。

模型应用实例

（1）电梯数字孪生通用五维模型。

学术界对数字孪生模型研究得比较多，北京航空航天大学的陶飞教授在三维数字孪生模型的基础上构建了五维数字模型，而基于五维模型构建了电梯数字孪生通用五维模型。

物理空间维度是以电梯全生命周期为时间主线，各个环节的物理实体与虚拟实体、服务、孪生数据进行实时交互；虚拟空间维度包含物理模型、几何模型、行为模型及规则模型，通过与物理实体高保真一一映射，根据用户需求将物理实体的功能在虚拟实体进行实时迭代优化及仿真预测；服务维度是指数字孪生的服务系统集成了评估、控制、优化等，主要在电梯全生命周期过程中，为物理实体提供智能运行、故障诊断、状态监测预警、结构优化等服务；数据维度是指孪生数据集合了所有维度的数据，包含物理实体、虚拟实体、服务系统产生的数据，数据实时更新，领域知识与其不断融合，是数字孪生的核心驱动；连接维度则是通过各种通信协议与接口，与物理实体、虚拟实体、孪生数据、服务系统相连，使两两之间进行实时有效的数据传输，从而确保各部分间的一致性。

电梯数字孪生通用五维模型可表示为：$M(DT\text{-}E)=\{Pe, Ve, Se, De, Ce\}$。其中，$Pe$ 表示物理维度中的物理实体；Ve 表示虚拟维度中的虚拟实体；Se 表示服务维度中的服务系统；De 表示数据维度中的孪生数据；Ce 表示连接维度中的 Pe、Ve、Se、De 之间两两的相互连接。

（2）电梯数字孪生通用五维模型分析。

Pe 是从电梯全生命周期出发，考虑设计、制造、安装、使用、检测、维修、改造、报废等生产活动中涉及的物理实体要素总和，包括设备资源要素、人力资源要素、物料资源要素、采购资源要素等，通过传感器、物联网、工业互联网等设备对物理实体各要素进行实时感知、采集并传输至虚拟实体。

Pe 具有层次性，可分为单元级 *Pe*，例如曳引机、控制柜、加工设备等，是完成特定功能的物理实体；系统级 *Pe*，例如曳引系统、安全保护系统、层门生产线等，是由单个设备组合构成的物理实体；复杂系统级 *Pe*，例如电梯整机、智能车间等，是包含了物料流、能量流、信息流的综合物理实体。

Ve 包含几何模型、物理模型、行为模型和规则模型。几何模型为描述物理实体的几何参数的三维模型，包括产品几何模型、生产过程几何模型等；物理模型是在几何模型的基础上加上物理属性、约束等信息，包括结构受力模型、超高速电梯流场分析模型等；行为模型是物理实体在外部环境及内部运行控制的共同作用下产生的实时响应及行为，包括生存周期模型（此处指的是随时间推进的演化行为）、动态行为模型等；规则模型则包括与历史数据关联的规律规则以及相关标准和准则等。

Se 是指在应用数字孪生过程中所需的各类数据、模型、算法、仿真等数字化封装，以工具组件、模块展示等形式支撑数字孪生内部功能，以不同形式的 App、软件、平台等满足不同用户需求的交互服务。服务包含两个方面：一方面是功能性服务，主要集中在模型管理、数据管理与处理、综合连接服务等方面；另一方面是业务性服务，包含操作指导

服务、专业化技术服务、智能决策服务、用户产品服务等。功能性服务为业务性服务的实现提供了支撑和保障。

De 是指数字孪生中的孪生数据，包括物理数据、几何数据、行为数据、规则数据、历史数据、实时数据、功能需求数据及用户反馈数据等，并对这些数据进行转换、预处理、分类、关联等处理，最后得到信息物理融合数据，为服务模型提供内在驱动力。

Ce 是实现数字孪生各维度互联互通的关键，包括：物理实体与孪生数据的连接（*Ce_PD*），可以利用传感器、嵌入式系统、数据采集卡等对物理实体的数据进行采集，通过 OPC-UA（网络技术）、MQTT（基于客户端—服务器的消息发布 / 订阅传输协议）等传输至孪生数据层，孪生数据层则在对数据进行处理后，通过协议将优化操作指令传输至物理实体，实现物理实体的优化控制；物理实体与虚拟实体的连接（*Ce_PV*），实现方法与 *Ce_PD* 类似，采集物理实体的实时数据传输至虚拟实体，用于更新虚拟实体的数字模型，虚拟实体进行仿真后将仿真数据转化成控制指令，下达至物理实体，实现对物理实体的实时控制；物理实体与服务的连接（*Ce_PS*），实现方法与 *Ce_PD* 类似，采集物理实体的实时数据传输至服务模型，实现服务的实时更新和优化，服务模型产生的操作指导、专业分析、智能决策等通过平台软件、App 等形式反馈给用户，通过人工控制物理实体的运行；虚拟实体与孪生数据的连接（*Ce_VD*），通过 JDBC-ODBC 等数据库接口，实现两者之间的交互；虚拟实体与服务的连接（*Ce_VS*），可通过 RPC、MQSeries、Socket 等软件接口，实现两者之间的交互；服务与孪生数据的连接（*Ce_SD*），与 *Ce_VD* 类似，通过 JDBC-ODBC 等数据库接口，实现两者之间的交互。

数字孪生作为践行智能制造、工业 4.0 及智慧城市等先进理念的一种使能技术和方法，当前被工业界和学术界广泛关注。如何使数字孪生技术从理论走向实际应用是今后数字孪生发展和研究的重点。由于电梯是人民群众广泛接触的特种设备，也是国家重要产品追溯体系中的重要类型之一，所以提出将数字孪生技术与电梯行业进行融合，以此提升电梯安全性的这一项目具有巨大的社会效益，也是电梯行业转型升级的必然发展趋势。

参考文献

[1] 陶飞，刘蔚然，张萌，等. 数字孪生五维模型及十大领域应用 [J]. 计算机集成制造系统，2019，25（1）：1-18.

[2] 陶飞，程颖，程江峰，等. 数字孪生车间信息物理融合理论与技术 [J]. 计算机集成制造系统. 2017，23（8）：1603-1611.

第四章

数字孪生技术面临的挑战与发展趋势

一 数字孪生技术的问题

随着5G、物联网和大数据这三大支柱的发展，“数字孪生”这个词语开始频繁地出现在人们的视野中。用一句话简单概括数字孪生的概念：数字孪生就是在一个设备或系统的基础上，创造了一个数字版的“克隆体”。通过这种克隆体，人们可以尝试运行脑海中对设备或系统的一切想象，低成本的试错机会让天马行空的创造有了成为现实的可能性。

没有5G，物联网不会发展；没有物联网，真正的大数据也不会成熟。现在，数字孪生即将瓜熟蒂落，它带来的技术红利也许是惊人的。人工智能的智慧城市管理、无所不在的智能家居、天衣无缝的工业管理，人们的想象力有多大，其发展的空间就有多大。有人提出数字孪生是下一场产业革命，还有人称它是将人类的健康监测和大脑管理升级为“数字人”的必经之路。

但是，在享受数字孪生技术带来红利的同时，人们仍有必要探讨数字孪生美梦背后所存在的巨大风险，而对于将数字孪生引入各个领域的必要性，同样值得商榷。

数字孪生最早应用的领域是航空器维修领域，有媒体曾这样形容：“如果确实存在一架与现实世界飞机相对应的数字孪生飞机，可以让每一个零部件的信息都能被掌握，那么针对飞机的异常分析与预防性维修都将变得非常容易。”诚然，无论是空客还是波音，对此都有深入的研究和应用。基于 ACAS（机载防撞系统）的预防性维修已经在民航业大规模普及，维修效率得到大幅度提升。但是，被波音宣称为“数字化、智能化程度最高，能够大幅减少人为操作失误”的 737 MAX 机型却有两次负面案例，它的问题并不是出在维修上，而是出在控制上。

作为全球“最受欢迎”的客机，波音公司的 737 MAX 早已臭名远扬。其在 2017 年投入运营，却在 2018 年发生印尼狮航 610 号航班空难，2019 年发生埃塞俄比亚 302 号航班空难。受事故影响，2019 年波音 737 MAX 飞机因遭多国停飞而无法交付，积压过多的新飞机堆满跑道，甚至停到了员工的停车场上。印尼方面当时发布的调查报告显示，波音 737 MAX 系列的飞控系统、维护、飞行员培训均存在缺陷。

737 MAX 是波音最引以为傲的机型之一，但是美媒曾爆出，面对新系统，飞行员没能得到适当的培训。波音公司认为飞行员不需要额外的模拟器训练，因为已驾驶过 737 早期的机型，而美国联邦航空管理局（FAA）也表示赞同。2017 年，737 MAX 投入运营时，飞行员的训练资料竟然是波音公司提供的 2 小时 iPad 训练课程，以及一份 13 页的操作手册。美国航空公司飞行员协会发言人称，在狮航发生空难之前，飞行员只需参加“1~2 小时的 iPad 课程”就可拥有飞行 737 MAX8 机型的资质……狮航 610 号航班黑匣子录音中，就听到在飞机坠毁前，机组人员竟然还在绝望地翻着操作手册的声音。

而随后“欧洲航空安全局”被披露的文件则显示，该机构早在几年前就知道波音 737 MAX 系列客机“如果遇到‘特殊’情况，飞行员将会难以调整机头角度”的问题。但在波音提供给一些航空公司飞行员的 737 MAX 客机飞行手册中，并没有提及存在这些“特殊”情况。美国联邦航空管理局也爆出波音公司的飞行员早在2016年就发现737 MAX存在安全隐患，但并没有及时反映到监管机构。

在多重信任危机下，波音的股价暴跌，两次重大事故后，印尼带头取消了波音737 MAX客机的订单。波音公司面临空前的压力，时任美国总统特朗普宣布停飞所有波音737 MAX，并且其他国家关闭波音737 MAX空域。多国也宣布停飞波音737 MAX系列机型，而中国至今未恢复该系列的飞行。

比波音737 MAX更早的有关智能失效的负面案例来自10年前的“法航447空难”……

2009年6月1日凌晨1点，法航447号班机“消失了”，没有求救信号，没有目击者，也没有在雷达上留下任何痕迹，便消失在茫茫大西洋中……

2009年5月31日傍晚，法航447号航班自里约热内卢起飞飞往巴黎，在飞进大西洋上空一个雷达监控死角时，突然，仪表显示外部温度上升了几摄氏度。可是，飞机正在海拔11000米高空，失控的“升温”是因为飞机外的感应器上覆盖了厚厚的一层冰。在大西洋上空穿越雷雨云时，越来越多的冰扑向飞机，损坏了其他更重要的感应器，在空速指示器失灵后不久，飞机失控，以约200千米/秒的速度从高空砸向大西洋，228名乘客全部丧生。

最后调查报告显示，班机失事前正飞越赤道辐合带，失事前最后1小时有轻微乱流。3年后的新闻发布会上，官方指出此次空难的原因是皮托管结冰使飞机未能侦测空速，自动驾驶自动关闭，机员错误操作导致失速，最后酿成空难。

恰恰是对人工智能的过度依赖，让人们忽视了人的决策优先权，才导致了几次惨痛事故的发生。

如果想要确定信号的真实有效性，那么 1 个信号必须由 3 个传感器来保证 2 ∶ 1 的逻辑有效性，所以空客飞机的飞控传感器设计了 3 套。但人们忽略了传感器的实用性，所以空速管的信号失效仍然是空难的关键诱因。想要确定传感器能否正常工作，又需要更多的传感器，子子孙孙无穷尽也。事实上，一个完全 1 ∶ 1 的数字孪生系统在理论上是不可能成功构建的。

这就导致数字孪生的另一个风险：传感器悖论。如果不采用传感器的层叠布局，那么真实对象和数字孪生之间的差距又有多大呢？“失之毫厘，谬以千里”的道理亘古不变。人类和大部分哺乳动物的基因差距都小于 5%，和黑猩猩的基因差距甚至不超过 2%，但正是这小小的差距决定了人类是地球的统治者。数据与正确的决策之间并不存在必然的因果关系，两者之间仅仅相差毫厘，但正是因为大数据失掉的毫厘导致决策是超越数据的，否则创造软件产业的应该是 IBM 而不是比尔 · 盖茨，发明汽车的应该是马车夫和邮政局而不是卡尔 · 本茨。

数字孪生技术的实际应用需要考虑成本因素。数字孪生在飞机预维修上的作用也许是经济的，但将数字孪生应用在低级别工业产品的生产上则毫无必要。同样是机械维修，汽车因故障抛锚带来的风险并不如飞机那般直接关系生命安全，所以总体上可以接受，但在飞机的预维修这样严谨且后果不可挽回的事情上，难以用经济的优点打败生命的价值。恰如上文所提到的狮航 610 号航班黑匣子所告知的残酷现实——在飞机坠毁前，机组人员还在绝望地翻着操作手册，这种黑色幽默式的惨剧，相信无人愿意看到它再次发生。

拥有简单用途的工业产品，通过对产品质量和寿命周期的控制已经能够很好地达到目的，根本没有必要建立数字孪生，更不用说数字孪生所需的大数据中心或者区块链带来的资源消耗。数字孪生和区块链状态下的物联网，相当于一个联邦状态；而没有数字孪生的物态世界，相当于一个自治状态。两者究竟在哪个点才能取得恰到好处的平衡?

从马车到飞机，行动速度的提升意味着空间距离的不断缩短，人类改变世界的能力越来越强。而数字孪生则反其道而行之，对对象不断细化的感知，意味着数据量的暴增和物化空间的不断膨胀，这在一定意义上与人类的全局观和系统自适应能力背道而驰。新古典经济学曾认为，以创造完全竞争和掌控完全信息为前提，可以导出资源的最优配置，也可以导出最无效的“有效市场”，更可以导出计划经济与市场经济同等效率的结论。而数字孪生正前进在这条老路上。

人类对确定性的追求和对不确定性的排斥，实际上源自对未知事物的恐惧以及对自身生存的忧虑，但它并不是这个世界的本来面目。对数字孪生的追捧必然指向更新形态的机械物理观和机械决定论，它必然在发展到一定阶段之后，碰撞量子世界的天花板。

数字孪生更长远的一个风险，是它在与脑机接口技术以及虚拟现实深入结合之后，可能滋生出《黑客帝国》一样的矩阵世界。假如数字孪生有一天真正掩盖了现实的物和人，人类的生活就不再是直接可控的了。虽然现在这一切还只是幻想，但如果有一天技术发展升级，能够制造出一个个幻想的自我实现和快乐的世界体验，真正将人类诱惑到对它更深层次的依赖上，相信没有谁能帮助人类从这种忘我的境界中脱离出来，引导人类离开这种虚幻的世界回到实实在在的现实生活。

到那个时候，从本质上来讲，人们已经不再生活在这个世界了。呼吸和心跳都不再是必需的，生命的能量和血液的流动都仅仅是锦上添花的“孪生”而已。

尽管数字孪生技术在航空航天、医疗保健、城市管理等领域都发挥着重要作用，但仍然存在落地应用中标准体系的缺乏、虚拟模型的可信度不足、孪生数据的安全性低等方面的现实问题。因此，人们需要正确面对数字孪生技术的应用风险，积极做好技术风险预警工作。

第一，标准体系缺乏之忧。目前，人们尚未建立一套完整的数字孪生标准体系，所以在理论研究与应用实践中往往会出现一些现实问题。首先，缺乏对数字孪生的理解与沟通标准的辅助。目前，人们对数字孪生的理解与认识是不同的，这将导致人们在交流时存在一定的障碍。其次，数字孪生关键技术的研究与实施缺乏参考标准。由于缺乏数字孪生相关模型、数据、连接与服务等标准的参考，不同数字孪生团队研发的产品之间兼容性差、难以互相操作、数据集成困难。最后，数字孪生的落地应用也缺乏标准指导。由于数字孪生缺乏适用准则、实施要求、支持工具和技术平台等标准参考，客户容易对数字孪生技术产生使用困惑。

第二，虚拟模型真实性之忧。数字孪生的主要思想是为物理实体创建一个虚拟模型，以便通过建模和仿真分析来模拟和反映物理实体的状态和行为，并通过虚实交互反馈，预测和控制它们的状态和行为。由此可见，数字孪生的应用发展离不开虚拟模型的构建，而高保真、高精度、高质量的虚拟模型才更能够实现虚实之间的交互、实时更新与动态演化，从而提高对物理实体世界动态映射的真实性。但由于人类的认知水平、技术水平以及基础设施的限制，数字孪生中所建立的虚拟模型并不能完全使人信服并应用到实践中去。比如，通过“数字孪生 + 医疗”的应用，可以对个人健康风险进行实时监测，并及时做出预警，但在时刻监测反馈中所带来的心理暗示、情感融入是否会影响其反馈结果的真实性，仍有待后续研究观察。因此，在数字孪生技术的应用与发展过程中，建立一个高保真的数字孪生模型，并使其能够最大限度地反映物理实体世界的真实特性，依然任重而道远。

第三，孪生数据安全性之忧。孪生数据是数字孪生系统运行的核心驱动力，可以为物理实体和虚拟模型的融合提供准确而全面的信息。因此，数字孪生技术的应用与发展离不开孪生数据的安全保障。数字孪生系统运行产生的海量数据可能分布在用户、生产终端、设计服务器等多种设备上，但由于当前网络攻击方式不断改变，任何一个设备的安全问题都有可能引发数据风险。同时，随着数字孪生技术与大数据、物联网、云计算、人工智能等技术的深度融合，网络安全风险点急剧增加，会带来更多的入侵方式和攻击路径，进一步加大孪生数据的安全风险。因此，孪生数据安全保障离不开网络安全，必须采取充分的措施来确保网络安全。比如，改进安全系统以应对新出现的威胁，保护生产和办公空间的联网系统，抵制各种网络恶意攻击行为。

二 软件是驱动数字孪生发展的重要因素

在数字孪生技术中，软件是三大必备条件之一。在中国科学院院士朱中梁看来，软件已成为驱动数字孪生技术发展的重要因素："软件与其他的新技术、传感器等联系到一起，才能保证数字孪生的实时性、闭环性。"

目前我国应用的软件，尤其是工业软件，还是以国外软件为主。朱中梁坦言，从研发的技术难度来讲，工业软件涉及学科较多，包括力学、材料学、软件工程学等，想做出一个好的软件是非常困难的，但这并不意味着软件尤其是工业软件国产替代化的步伐就应该放缓。

从数据上看，我国软件行业的发展速度也在加快。朱中梁列举了一组数据：2020 年我国软件业务收入达到 8 万亿元，2021 年 1—10 月我国软件业务收入达到了 76814 亿元。“这是一个非常好的现象。”朱中梁院士说道。

但在朱院士看来，目前我国软件行业发展还存在着对于软件国产替代化的重视程度不够、软件开发工具国产化迫在眉睫、软件专业人才的素质和数量以及培养力度不够等问题。

（一）数字孪生技术的应用需求

数字孪生是一种以数字化方式创建物理实体对应的虚拟实体，在创建的同时也需要借助历史数据、实时数据以及算法模型等模拟、验证、预测、控制物理实体全生命周期过程的技术。所以，数字孪生未来的应用需求会往哪些方向发展呢?

当前，我国新兴技术突飞猛进，加速推动着经济社会各领域的发展变革。在此背景下，数字孪生作为一项关键技术和提高工作绩效的重要工具，在模型设计、数据采集、分析预测、模拟仿真等方面都可以有效发挥作用，助力推进数字产业化和产业数字化，促进数字经济与实体经济融合发展。数字孪生系统更多的是为企业创造价值，为企业转型以及找到新的价值模式发挥现实作用。

1. 解决信息孤岛问题，释放数据价值

我国的工业生产目前已经进入高度自动化与信息化阶段，在生产过程中产生大量信息，但由于信息异地分散的特征很容易形成信息孤岛，

数字孪生在其中就产生了重要作用。数字孪生应用为工业生产中的物理对象创建了虚拟空间，工业从业人员可通过在虚拟空间中进行模拟、分析和生产预测，仿真复杂的制造工艺，进而实现产品设计、制造和智能服务等闭环优化。

2. 优化资源配置

数字孪生制造系统与传统制造系统相比，具有生产要素多样、生产路径配置动态化、人机物自主通信、自组织和可数据支撑决策等特点。在数字孪生制造系统中，对资源能源利用耗散理论进行优化配置，最终能够形成有序化资源能源配置。在物联网、人工智能、大数据分析等新兴技术的加持下，数字孪生对于资源优化起到了双向、持续、开放、互联等更加深远的作用。

3. 优化城市设计布局

城市是一个开放庞大的复杂系统，具有人口密度大、基础设施密集等特点。实现对城市各类数据信息的实时监控，以及围绕城乡公共设施建设，对科技、文化、政务、交通、司法等多方面进行高效管理，是现代城市建设的核心。数字孪生利用虚拟交互开展的各类民众活动，不仅存在于物理空间，同时在虚拟空间中也得到了极大的扩充。除此之外，通过数字孪生可对城市进行规划设计指引和优化物理城市的科技、文化、体育、生态环境治理以及交通管控等，进而改善市民服务，赋予城市生活“智慧”。

4. 推动智慧城市建设

人口的急剧增加与都市化发展所带来的交通拥堵、治安恶化、大气污染、噪声污染等多种“城市病”，正严重影响着人们的生活。而数字孪生将推动新型智慧城市建设的进程，将信息空间构建的城市虚拟映像叠加在城市物理空间上，借助更快速的网络、更智能的计算，将极大地改变城市面貌，重塑城市基础设施，形成虚实结合、孪生互动的城市发展新形态，创建出一种更加智慧化的新型城市。数字孪生应用不仅赋予了城市政府全局规划和实时治理的能力，更为所有市民带来了能感受到的品质生活体验。

5. 提升资源合理分配水平

智慧医疗保健是数字孪生智能化应用的重要组成部分。可通过移动监测、移动诊室、无线远程会诊、智慧处方以及医疗信息云存储等智能技术手段，扩大城市诊疗覆盖面，提高诊疗效率，促进城市医疗资源分配的合理化。进一步利用物联网技术构建“电子医疗”服务体系，实现医疗监护设备的小型化、无线化，发展智慧家庭健康保健、智能健康监护，可大幅减轻城市公众医疗负担，缓解城市医疗资源紧缺的压力。如基于医疗数字孪生应用，可远程实时监测心血管患者的健康状态。当智能穿戴设备传感器节点测量到异常信息时，救援机构可立即开展急救，实现精准医疗、远程医疗以及健康的实时监测与管理。

（二）数字孪生的发展动力

我国拥有数量众多的科技工作者，并进行了大规模研发投入，想要激发科研人员的积极性、推动数字孪生的发展，关键是要改善科技创新生态，提高创新创造活力，给广大科学家和科技工作者搭建施展才华的舞台，这样才能让科技创新成果源源不断地涌现出来。

首先加强创新人才教育培养，要把教育摆在更加重要的位置，全面提高教育质量，注重培养学生创新意识和创新能力。要加强数学、物理、化学、生物等基础学科建设，鼓励具备条件的高校积极设置基础研究、交叉学科相关专业，加强基础学科本科生培养。依靠改革激发科技创新活力，通过深化科技体制改革把巨大创新潜能有效释放出来，坚决破除“唯论文、唯职称、唯学历、唯奖项”的不良学研风气。

科学成就离不开精神支撑，科学家精神是科技工作者在长期科学实践中积累的宝贵精神财富。希望广大科技工作者不忘初心、牢记使命，秉持国家利益和人民利益至上的原则，继承和发扬老一辈科学家胸怀祖国、服务人民的优秀品质，弘扬“两弹一星”精神，主动肩负起历史重任，把自己的科学追求融入建设社会主义现代化国家的伟大事业中去。

要树立敢于创造的雄心壮志，敢于提出新理论、开辟新领域、探索新路径，在独创独有上下功夫；多出高水平的原创成果，为不断丰富和发展科学体系作出贡献；鼓励科技工作者专注于自己的科研事业，勤奋钻研，不慕虚荣，不计名利；广泛宣传科技工作者勇于探索、献身科学的生动事迹；好奇心是人的天性，对科学兴趣的引导和培养要从娃娃抓起，使他们更多地了解科学知识，掌握科学方法，形成一大批具备科学家潜质的青少年群体。

数字孪生这项科学技术离不开国家政策的支持。发挥我国社会主义制度能够集中力量办大事的优势，整合优化科技资源配置，狠抓创新体系建设，进行优化组合，组建一批国家实验室，形成我国的实验室体系，发挥高校在科研中的重要作用，推动重要领域关键核心技术研发。要持之以恒地加强基础研究，明确我国基础研究方向和发展目标，加大基础研究投入力度。在财政、金融、税收等方面给予必要的政策支持，创造有利于研究的良好科研生态，建立健全科学评价体系、激励机制并持续不断地改良创新。

除了国家政策的支持，数字孪生的发展与人民的支持也密不可分。科技的不断进步和大众的科学热情总在相互促进。当前，我国越来越多的科技创新直面世界科技前沿，具有长远影响的重大科技项目、科技成果也不断增多，所以，正需要更多类似“天宫课堂”这样的科普形式，去带动公众广泛并积极地参与其中，以更直观、更生动的方式让公众和前沿科技“相遇”，进一步激发人们对科学的兴趣，提升人们的科学素养，使蕴藏在亿万人民中间的创新智慧充分释放，使创新发展的科技普及之翼与科技创新之翼并展共振，助力创新型国家建设。

三 数字孪生技术的现状分析

目前，企业正在以多种方式应用数字孪生技术。在汽车和飞机制造领域，数字孪生技术已成为优化价值链和整个创新产品的重要工具；在能源领域，油田服务运营商通过获取和分析大量井内数据建立数字模型，实时指导挖掘工作；在城市管理方面，作为智能城市管理的一个典型示例，新加坡将详细的虚拟城市模型用于城市规划、维护和灾害预警等项目。

随着物联网技术的完善和传感器成本的降低，许多工业品，从大中型装备到消费级商品，都应用了很多传感器来收集运作阶段的自然环境和运行状态数据，并根据数据剖析和优化来防止常见故障，改进客户的应用感受。这个阶段的数字孪生技术能够发挥以下作用：

实时监控和预测性检修。根据载入智能化工业品的传感器或自动控制系统的各类实时主要参数，搭建数据可视化的实时监控体系，并输入收集的历史数据，进而搭建具有层次化的构件、子系统甚至整个机器设备的健康评价指标体系，并应用人工智能技术进一步完成发展趋势预测分析；根据预测分析的结果，对维修策略及备件的管理模式进行提升，减少和防止顾客由于非计划停机产生的损失。

提升顾客的质量指标。针对许多必须依靠工业生产装备来完成生产制造的工业顾客，工业生产装备基本参数的合理化以及在不同生产制造标准下的适应能力，通常决定了顾客商品的品质和交货周期。而工业生产装备厂商能够根据收集的大量数据，搭建起对于不同应用领域和不同生产流程的工作经验模型，协助其顾客优化参数配置，以提升顾客的产品品质和生产率。

模拟物理对象或过程的各个方面。数字孪生既可以展示新产品的图纸和尺寸，也可以展示消费者整个供应链中的所有子部件和对应的环节，还可以采用“即维护”模式，利用工厂设备的实物仿真模型捕捉设备如何工作、工程师如何维护以及该设备生产的产品与客户如何相关等信息。数字孪生体的多种形式，无一例外地捕捉并利用着现实世界的数据。市场调研机构 MarketsandMarkets 的最新研究表明，数字孪生技术的探索已经开展：2019 年的数字孪生市场价值为 38 亿美元，预计 2025 年将增加到 358 亿美元。

21 世纪以来，先驱企业开始寻求利用数字模型改善产品和流程的方法。当时，数字孪生的潜力已经显现，但许多企业发现数字孪生的开发涉及大量的数据，而处理这些数据所需的连接性、修正计算能力、数据存储、带宽成本都很高。而数字孪生的发展，从迅速增强的模拟和建模能力、更好的互操作性和物联网传感器，以及拥有更多可用的工具和计算基础设施等多方面受益。

四 数字孪生技术的前景

（一）数字孪生应用已渗透到资产、车间、企业各个层级

数字孪生应用场景广泛，当前覆盖“NIST 智能制造系统”中的产品、生产和商业三大领域，并朝着实现三大领域价值链条全面优化的方向发展。一是面向产品的数字孪生应用聚焦产品全生命周期优化，如 AFRL 与 NASA 合作构建 F-15 数字孪生体，基于战斗机试飞、生产、检修全生命数据修正仿真过程机理模型，提高了机体维护预警准确度；二是面向车间的数字孪生应用聚焦生产全过程管控，如空客通过在关键工装、物料和零部件上安装 RFID，生成了总装线的数字孪生体，使工业流程更加透明化，并能够预测车间瓶颈、优化运行绩效；三是面向企业的数字孪生应用聚焦业务综合评估与管理，如 Software AG 基于 ARIS 业务流程建模功能构建了面向企业业务的数字孪生体，并通过模拟评估业务流程预见企业未来成本和绩效。

（二）数字孪生应用由虚拟验证向虚实交互的闭环优化发展

数字孪生应用发展依次经历虚拟验证、单向连接、智能决策、虚实交互四大阶段。

一是虚拟验证，能够在虚拟空间对产品、生产线、物流等进行仿真模拟，以提升真实场景的运行效益。如 ABB 推出的新系统，客户能够在虚拟生产线上对机器人配置进行测试，对拾取操作在虚拟空间进行验证优化。

二是单向连接，在虚拟验证的基础上叠加了 IOT，实现基于真实数据驱动的实时仿真模拟，大大提升了仿真精度。如 PTC 和 ANSYS 合作，

构建了泵的仿真模型，并将其与真实的泵连接，以实时数据驱动仿真为基础进行优化模拟。

三是智能决策，在单向连接的基础上叠加了 AI，将仿真模型和数据模型很好地融合，优化分析决策水平。如杭汽轮通过三维扫描构建几何形状，与平台标准机理模型进行对比，并叠加人工智能分析，实现叶片的检测试验周期从 2~3 天降低至 3~5 分钟。

四是虚实交互，在智能决策的基础上叠加了反馈控制功能，实现基于数据自执行的全闭环优化。如在西门子提供的产品体系中，设计仿真软件 NX 具备虚拟验证功能，MindSphere 具备 IOT 连接功能，Omneo 具备数据分析功能，TIA 具备自动化执行功能。未来，西门子有望对以上产品进行整合，真正实现数字孪生的虚实交互闭环优化。

通过更好地理解客户需求，改进现有产品、操作和服务，数字孪生技术能够帮助企业提升客户体验，甚至有助于推动业务创新。业界人士认为，数字孪生是推动企业创新与提升绩效的重要因素。IDC 预计，投资于数字孪生技术的企业，关键流程的周期会减少 30%。

在 5G 产业链条中，数字孪生是一个重要环节，作为 5G 衍生应用，可促进物联网成形和物联网设备数字化，与 5G 三大场景之一的万物互联需求强耦合。今后的 5G 时代，随着新一代信息技术加快与实体经济的融合，工业的数字化、网络化、智能化的发展趋势日益明显，将催生一批制造业数字化转型新模式、新业态。

虽然目前数字孪生技术还只能在有限场景中应用，但人们相信，数字孪生技术前景广阔。随着技术的不断演进、精密机械的增加，数字孪生发挥重要价值的应用场景会相应增加，其性价比也将不断提高。比如，在技术设计和测试时，数字孪生可以让很多由于物理条件限制、依赖于真实的物理实体而无法完成的操作变成可能；再如，当数字孪生技术能应用于造价不菲的航天器、核电站时，这些设施的寿命与安全性都将得到进一步提升。

2020 年“新基建”首次被写进政府工作报告。在该报告中，“数字孪生”成为不少代表和政府委员关注的热点。2020 年 4 月，国家发展改革委发布了《关于推进“上云用数赋智”行动　培育新经济发展实施方案》，提出要解决企业数字化转型所面临的数字基础设施、通用软件和应用场景等问题，支持数字孪生等数字化转型共性技术、关键技术研发应用，引导各方参与数字孪生技术研发。

伴随着数字孪生技术的成熟，国家把它纳入了智慧城市的顶层设计框架中，加快了 CIM 平台的落地建设，协调解决各建模技术间的兼容性以及数据标准的统一性等问题。从国家层面来看，发展改革委、科技部、工业和信息化部、自然资源部、住建部等部委纷纷出台政策文件，大力推进了城市信息化相关技术和应用的开发和落地。

数字化孪生技术的发展，不仅涉及专业、行业，而且涉及人类的经济、社会发展等各个方面。当前，中国服务贸易已成为中国经济增长新引擎，中国服务贸易的 GDP 总量超过 40%，未来还将进一步扩大。期待中国的数字孪生技术更快地走向世界。

参考文献

［1］灵图互动. 数字孪生关键技术——数字孪生核心技术有哪些［EB/OL］.［2022-08-11］. https: //www. lingtuvr. com/knowledge/7874.

［2］朱中梁. 软件是驱动数字孪生发展的重要因素［EB/OL］.［2022-01-12］. https: //m. nbd. com. cn/articles/2022-01-12/2085861. html.

［3］习近平. 在科学家座谈会上的讲话［EB/OL］.［2020-09-11］. http: //www. qstheory. cn/yaowen/2020-09/11/c_1126484063. htm.

第五章

数字孪生的工业应用

一 数字孪生赋能各大产业，成为产业新动能

（一）制造业

自 2004 年至今，数字孪生技术从航空航天领域逐步进入制造业领域，并在智能制造领域展现了良好的发展前景，受到了军、民两方面的重视，航空航天、汽车制造和机器人等行业均开始关注和探索数字孪生的关键技术和应用潜力。从制造业方面来讲，人们可以通过生产设备的虚拟实体（Virtual Entity，VE）清楚地观测所制造的产品在当前阶段所处的状态，并通过虚拟实体对物理实体进行实时智能控制，进一步实现物理实体和虚拟实体之间的控制与反馈，从而优化和改善现实中的生产制造。其关键技术主要包括以下几个方面：

1. 多维度建模与仿真技术

所谓多维度建模就是数据仓库建设中的一种数据建模方法，是将数据结构化的逻辑设计方法。相比传统计算机辅助设计或计算机辅助制造技术，多维度建模需要融合环境、材料性能等诸多因素，以及力、热、电等诸多属性，才能使其在最大限度上模拟现实状态。Leu 等人从 3D 物体表面获取数据，构建 CAD 模型，并与 AR 的技术相结合，提供运动捕捉、力学建模和多动态渲染等操作，集成了装配系统的设计、规划、评估和测试功能。

2. 虚拟现实技术

虚拟现实技术通过提高用户的感知能力获取更好的沉浸感，以实现真实世界与虚拟世界的互动，更加真实地模拟出实际效果。Hu 等人提出了离线数据和在线数据耦合作业的表征方法，实现了集成数据可视化的复杂装备作业流程及装配建模仿真。通过构建数字孪生，可充分展现复杂装备在关键流程时序下多种数据同时变化的规律。Li 等人利用动态贝叶斯网络进行多功能诊断和预测，从而实现了数字孪生视觉，并通过所获得数据的实时反馈与处理对贝叶斯模型进行更新，显著降低了时间成本。动态贝叶斯网络（Dynamic Bayesian Network，DBN）是一个随着毗邻时间步骤把不同变量联系起来的贝叶斯网络，常用于机器人技术中，并已经被证明在大量的数据挖掘应用中有巨大潜力。

3. 数据分析处理技术

数据分析处理技术即利用大数据等各种数据处理技术，对数据进行实时存储、筛选、处理和交互等，从而对外部环境的变化进行有效的判断和处理。Soderberg 等人总结了构建保证制造过程中几何精度的数字孪生模型所需的实时数据提取、性能仿真优化技术等。Canaday 等人提出数字孪生模型可融合来自 ADS-B 系统的飞机位置信息、天气数据和飞机上各个传感器数据，以及来自维修车间和制造商的维修数据，从而指导技术人员对设备进行故障预测和维修。

4. 平台构建处理技术

在统一平台中有机地融合多物理场仿真、数据管理、大数据分析和动态数据驱动决策等多个模块，并通过可视化的形式呈现出来，使决策者可进行统一处理。如西门子公司在整个企业及上下游的供应商之间营造了一个集成和协作的环境，各业务环节均在全三维产品定义的基础上展开工作，有效地缩短了研制周期，改善了工作环境，提高了质量和生产效率。达索公司依据数字孪生技术建立了 3D EXPERIENCE 的体验平台，该平台利用知识和专业技术将所有技术和功能集成到一个统一的数字化创新环境中，实现了从概念、生产直至交付使用、废弃回收的产品全生命周期的数字连续性。

综上所述，数字孪生是一种融合 CAD、AR 及大数据技术等多学科技术的系统工程，用于实现物理世界和虚拟世界的信息交互。然而，数字孪生仍处于研究阶段，许多技术仍然不成熟，且并没有完全地实现技术的有效融合，但是这不影响其在制造业中的有效应用，如：

（1）数据优化。Soderberg 等人利用数字孪生对产品生产的几何运动进行了研究，设计了一种用于保证产品尺寸的数字孪生系统，通过数字孪生体对产品坐标及加工轨迹的仿真，进行误差分析和轨迹优化，从而优化了产品的定位及加工轨迹，确保了产品的加工质量。林润泽等人开发了一种基于数字孪生的机械臂实验系统。该系统利用 SIMULINK 仿真环境，将机械臂模型与实体联系起来（SIMULINK 是一个模块图环境，用于多域仿真以及基于模型的设计，支持系统设计、仿真、自动代码生成以及嵌入式系统的连续测试和验证），通过输入实际采集得到的运动数据，驱动 DT 模型的运动，并在可视化的环境中显示运动仿真结果，实际运行效果与机械臂运动轨迹一一对应。同时，通过机械臂末端执行器生成的线速度曲线判断轨迹规划结果的优劣。通过对运动轨迹进行样条插值求解，优化机械臂末端执行器的速度曲线，以减少潜在的机械磨损。梁生龙利用数字孪生中的信息承载功能，对燃气轮机的生产参数进行了校正。首先，利用数字孪生设计出推理模型，并将选取的生产参数输入该模型内。其次，通过七个数据集定义输入和输出变量。最后，构建统计模型规则库，归纳出生产参数的基本调整规律。研究结果表明，推理模型可以使校正值与误差形成相反的结果，运用数字孪生得到的参数校正比例与其他研究方法得到的结果相比，更加符合理想状态。

（2）质量分析。孙惠斌等人提出了刀具的数字孪生模型，详细论述了数字孪生驱动的刀具磨损检测、剩余寿命预测、刀具选用决策和刀具服务，并通过刀具原型进行了验证。在概率框架下求解剩余寿命及置信区间，量化并降低预测结果的不确定性，为刀具选用和更换的决策与优化提供了可靠依据。Gohari 等人基于虚拟模型构建了 IIS 检查系统（IIS 即互联网信息服务），通过大数据建立产品孪生模型，同时使用 IIS 表面质量检查系统检查产品质量，从而确定产品的表面质量是否满足要求，避免了对实际产品的损伤，并通过实验检验了该方法的有效性。Debroy 等人则研究了 3D 打印材料的数字孪生体，该数字孪生体可以和实际材料一样进行热流模拟、凝固模拟、晶粒结构与组织演化及参与应力的模拟。通过实验模拟分析可得，数字孪生体能够准确地对实际材料性能进行仿真。该研究成果不仅可以应用到 3D 打印的研究中，而且可以应用到其他产品中。

（3）寿命预测。丁华等人提出了数字孪生与深度学习融合驱动的采煤机健康状态预测方法，并通过数字孪生技术建立了关键零部件寿命预测模型，实现了实时监测状态下采煤机零部件的寿命预测。Kraft 等人构建了发动机数字孪生模型，用于检测发动机是否退化和失效，以及预测关键零部件寿命消耗，在实际应用中得到了有效验证。苗田等人给出了数字孪生在产品全生命周期的内涵，总结了数字孪生体的全生命周期，并指出未来制造模式的发展方向。宋悦等人以光电探测系统的能量域表述为基础，建立了数字孪生模型，以解决基于性能退化的寿命预测问题。赵亮等人则指出了我国航空产品数字孪生寿命预测的思路和需要突破的关键技术，以推动航空产品研制由传统模式向预测型模式转变。

（4）流程工业。流程工业主要是指钢铁、冶金、化学及有色金属等传统原材料制造行业，是国民经济发展的命脉。由于流程工业原材料变化频繁，生产过程连续，且任一工序出现问题必然会影响到整个生产线的运行，因此流程工业的数字化发展是未来发展的主要方向。Zhou 等人提出了应用数字孪生和物联网等数字化技术建设现代化的流程工业，通过全面分析各个专业之间的相互联系，提出了 JPS 流程知识图——一种 3D 图像格式，用于指导数字化电厂的建设。Kockmann 通过对德国 Process Net 公司所发表的关于流程工业数字化的论文进行分析，认为模块化的设备、流程或整个流程工业的数字孪生可以简化生产工作流程，解决数据分析、网络系统和人工智能等相关技术问题。Bevilacqua 等人提出了流程工业数字孪生模型，其意义在于通过严格的技术和组织方面的干预，有可能发现、识别问题并制定纠正措施，从而保证运营商的安全，降低维护和运营成本，更全面地改善公司业务。李彦瑞等人描述了流程工业抽象模型与数字孪生理论模型之间的映射关系，分析了将数字孪生应用到流程工业中所需要突破的关键技术，并在实际工业中进行了应用，表明了该技术的可行性。

（5）离散工业。离散工业主要是指机电产品制造行业，诸如飞机、汽车、船舶、机床及武器的制造等都属于离散工业。现阶段离散工业产品生产是由许多制造商共同完成的，因此在实际生产中不可避免地会出现装配误差等诸多问题。Cai 等人构建了一种数控机床的数字孪生模型，将制造数据和感官数据集成到数字孪生模型中，以提高物理机床的可靠性和加工能力。Chen 以离散制造业车间为研究对象，应用工作流程系统的理论模型和数字孪生，设计了车间总体结构，给出了面向车间的工业物联网解决方案。唐竞提出了在航空机电产品装配中应用数字孪生技术，通过实时数据辅助工艺决策，从而实现快速工艺装配效果。周倩提出了离散工业数字化转型“三步走”策略，应用数字孪生突破了离散工业数字化瓶颈。

综上所述，数字孪生能够实现虚拟与现实的双向耦合，提高产品剩余寿命和预测精度。通过实时监测数据来动态更新模型，可进一步提高分析的可靠性。相关学者不仅在理论方面进行了材料、制造过程优化、参数校正及寿命预测分析等的研究，还将研究应用到实际中，构建了例如数字化流程工业、数字化工厂等制造过程中产生的数字孪生体，使其能够更好地服务于生产。虽然数字孪生仍是一个新兴的技术，在很多方面还处于探索阶段，但可以预见的是，随着工业大环境的发展，数字孪生将是推动制造智能化的关键技术。数字孪生与产品全生命周期的结合成为制造业发展的必然趋势，在未来智能制造领域有着极大的应用前景。

（二）零售业

在离消费者最近的零售业中，数字孪生技术也同样发挥着重要作用。因为关系到最刚性的吃穿用度需求，零售业在过去的数个世纪里吸引着一批批创业者涌入，也催生了资产最雄厚的巨头。根据普华永道发布的

《2020全球市值100强上市公司排行榜》，亚马逊、苹果、强生等零售消费企业占据了榜单前10中近乎一半的位置。

而随着5G及数字孪生技术的成熟以及3D虚拟穿戴设备涌现，3D虚拟人及3D视频正成为亚马逊等零售电商平台，Snapchat、Instagram等社交平台的重要内容和营销技术组合。以亚马逊为例，疫情期间，亚马逊的3D视频营销活动引起极大关注，因为支持面对面互动，促使更多零售商引入亚马逊的在线虚拟店铺功能——Amazon Sumerian，该功能支持零售经营者创建3D前端体验和3D商品。更早之前，宜家、亚马逊、Wayfair等家居电商平台就已经采用孪生技术作为传统图文商品介绍的重要补充。宜家的IKEA Studio功能技术允许用户定制整个房间，在满足用户个性化在线购物的同时直接降低了退货成本，大量的用户体验数据也直接反馈到了生产环节，设计师将依此调整并设计出更满足用户需求、更贴近市场的产品；亚马逊的Showroom允许消费者将在售家具的3D图像放入一个虚拟房间，以便帮助消费者了解商品的真实外观，这直接带动了销量的增长。

除此之外，数字孪生的出现，还将行业数字化从销售和交易环节（新零售1.0）拓展到了生产、物流环节（新零售2.0），从消费者、门店、供应链多个层面重塑零售业：①消费者层面，商品可视化展示将从二维升级为三维，数字孪生结合AR/VR/MR技术让真正意义上的交互式体验变成现实（VR是纯虚拟数字画面，AR是虚拟数字画面+裸眼现实，MR是数字化现实+虚拟数字画面）；②门店运营层面，消费者数据通过系统反馈给店铺经营者，辅助后者进行需求预测、品类规划以及科学决策；③供应链搭建层面，从数字化的门店运营可以倒推至供应链的精细化、智能化管理，提升供应链效率，降低供应链成本。通过影谱科技的 AI 数字孪生引擎 MADT，零售企业能够将家具、家电、艺术品等虚拟商品放入某个场景中，快速自动化生成 3D 模型或 3D 虚拟视频。而通过对场景和建筑的 3D 建模，MADT 还可以创建一家完整的 3D 数字商店。此外，通过 MADT 的 3D 成像系统，企业还可以创建虚拟客服、虚拟导购、虚拟主播，来增加与用户的互动。比如在 2021 年的上海“五五购物节”活动中，影谱科技展示了工业化高效生产的数字化商品，直观地呈现了商品的外形、材质、特征、使用说明、内部结构等高维度信息，消费者通过屏幕就可全方位地了解商品全貌。而数字 3D 互动设备则使观众站在设备前随心所欲地做出各种表情动作，便可获得同步的 3D 虚拟形象，这项技术将主要应用在虚拟客服、虚拟试衣等消费场景中。据了解，影谱科技 MADT 引擎已经在部分新零售平台中应用。

数字孪生正在全面开花。根据 Gartner（高德纳，全球最具权威性的 IT 研究与顾问咨询公司）的研究，截至 2019 年 1 月，进行物联网建设的企业中，已有 13% 实施了数字孪生项目，还有 62% 正在实施或者有实施计划。咨询公司 Forrester（弗雷斯特）于 2021 年 6 月发布的报告显示，使用数字孪生技术的受访组织的比例已上升至 19%，其中计划扩大其技术使用范围的受访组织的比例高达 94%。这意味着，以影谱 MADT 为代表的数字孪生引擎面临着巨大的增长空间。影谱科技表示，MADT 引擎的目标之一是使数字孪生的虚拟模型拥有与现实生活同等的真实感，让物品或现实场景拥有完全等同的数字身份、数字场景等。

零售行业自 20 世纪 50 年代发展至今，从实体到虚拟的拓展，是数字孪生技术商共同努力的方向。毫无疑问，零售行业未来将面临一场由技术和市场双轮驱动的激烈较量，其全新面貌已经初具雏形。从战略上看，作为未来零售企业最核心的竞争力，数字供应链孪生体系的建设无疑将是重中之重。构建数字供应链孪生体系的实质是供应链的新型基础设施建设，相信有志于赢取世界市场的零售企业必不会错过数字孪生供应链的技术浪潮。

（三）医疗业

随着人口老龄化日益严重，全球医疗费用支出以每年 4.1% 的速度增长。然而中国每千人执业医师数仅为 2.31 人。目前，在城乡医疗资源分配极不均衡的同时，存在优秀医疗资源严重浪费等问题。因此为医疗专业人员和患者提供更有效的解决方案迫在眉睫。“数字孪生”使用传感器采集物理实体的相关数据，再利用这些数据创建虚拟数字模型，并对其进行消化、分析、操作、更新和优化，其涉及多领域多尺度融合建模、数据采集和传输、VR 呈现、高性能计算、数据驱动等关键技术。数字孪生技术应用到人体时，是通过个人的电子表现，来动态反映人体的分子状态、生理状态和生活方式，对改善人们的身体状态极具价值。

数字孪生技术对医疗行业的重要性，就相当于人类基因组测序对医疗的重要性。有瑞典研究人员这样写道：“鉴于医学问题的重要性，数字孪生的潜力值得在与人类基因组计划类似的规模上进行协同研究。”因此数字孪生技术在医疗健康领域的应用同样值得关注。

1. 患者状况实时获取

创建医院的数字孪生模型，医院管理员、医生和护士便可在第一时间了解患者的身体状况，获取其健康数据。数字孪生为诊疗分析提供了一种更高效的方法，在合适的时间内，针对需要立即采取行动，提醒相关医疗人员。这种方法可大大提高急诊室的使用效率、降低患者流量、减少医疗成本并优化患者就医体验。此外，数字孪生可用于预测患者未来可能发生的疾病和预防患者出现紧急情况，如心搏骤停或呼吸停止。事实上，一家医院在实施数字孪生技术后，医疗保健网络的急诊事件减少了61%。

2. 安全环境提供

数字孪生在医疗行业中相当于使用数字化方式去复制物理实体对象或服务，它为相关系统性能测试提供了一个绝对安全的环境。在实际应用方面，它可以为医生提供手术成功率数据，帮助医生做出治疗方案决策，并管理患者的慢性疾病。药明康德团队基于机器学习平台与阿尔茨海默病（AD）疾病模型，成功创建了数字孪生模型，开启了数字孪生技术在医疗健康行业的应用。

3. 全方位的创新服务平台搭建

数字孪生技术的进步和应用使其成为改变医疗行业现状的突破点。未来，每个人都可以拥有属于自己的数字孪生。把医疗设备数字孪生（手术床、监护仪、治疗仪等）与医疗辅助设备数字孪生（人体外骨骼、轮椅、心脏支架等）结合起来，数字孪生将会成为个人健康管理、健康医疗服务的新平台和新实验手段。数字孪生医疗系统主要由以下部分组成：

（1）生物人体。通过各种新型医疗检测和扫描仪器以及可穿戴设备，完成对生物人体的动静态多源数据采集。

（2）虚拟人体。基于多时空尺度、多维数据，通过建模完美地复制出虚拟人体。其中，几何模型体现的是人体外形和内部器官的外观和尺寸；物理模型体现的是神经、血管、肌肉、骨骼等的物理特征；生理模型展现的是脉搏、心率等生理数据和特征；生化模型是最复杂的，要在组织、细胞和分子的多空间尺度，甚至毫秒、微秒数量级的多时间尺度展现人体生化指标。

（3）孪生数据。既包括生物人体的数据，如CT、核磁、心电图、彩超等扫描仪器检测的数据，血常规、尿检、生物酶等生化数据，以及健康预测、手术仿真、虚拟药物试验等虚拟仿真数据；还包括历史统计数据和医疗记录等。这些数据融合能够产生诊断结果和治疗方案。

（4）医疗健康服务基于虚实结合的人体数字孪生。数字孪生提供的医疗服务包括健康状态实时监控、专家远程会诊、虚拟手术验证与训练、医生培训、手术辅助和药物研发等。

（5）数据实时连接。保证物理虚拟的一致性，为诊断和治疗提供综合数据基础，提高诊断准确性、手术成功率。

数字孪生技术应用于医疗领域有着光明的未来。它是医学领域的一个新兴领域，通过将人群个体与其对应的数字孪生体进行比较，有助于患者对健康与疾病产生更清晰的认识；由于可以识别出人们更喜欢的身体健康参数，而有潜力成为一个丰富的数据来源，用来确定新的、更有效的治疗与保健路线。然而，也正是出于上述原因，数字孪生挑战了人与人之间的平等，因为人与人之间的差异可以根据其所收集的信息，被明确界定并变得极其透明。因此，如何既能享受数字孪生带给医疗健康行业的红利，又能解决技术带来的社会伦理问题，还有待进一步研究。

（四）智慧城市

近年来，社会经济快速增长导致了以城市人口过速增多、生态环境破坏为特征的“城市病”，使得国家与社会大众越来越多地把目光聚焦到城市建设与管理上。然而，传统管理方法在耗费大量资源的情况下依旧收效甚微，建设智慧城市成为解决“城市病”的最好出路。智慧城市不仅能让城市变得更美好，更是提升城市居民生活幸福感的关键手段。智慧城市在不同角度被赋予不同定义。它是城市发展的阶段性目标，是当今信息时代下现代城市对未来发展的美好愿景，即更加安居乐业、更加高效便捷、更加富有创造与创新能力。同时它也是一种发展模式，通过引入更多的高新技术来取代传统的资源注入型粗放管理模式，进而优化市场各类资源配置，提高社会整体生产效率，创造最大价值。现如今数字孪生技术在智慧城市的建设中已经到达了 3.0 时代，并且数字孪生城市已经有了初步的系统框架。下面列举 5 个应用场景的实例。

1. 杭州“城市大脑”

目前，杭州市开展了“城市大脑”试点项目，该项目辐射范围已有 5 万多平方千米：利用智能设备调控 1300 个路口的交通信号灯，检测 4500 条道路的交通视频，把过程中产生的道路数据上传至“城市大脑”，“城市大脑”即时做出反应，规划出一条在最短时间内可将患者送至目的地的路线，极大提高了救护车救援效率，把救护车到达现场的时间缩减了 50%，切实做到了为患者保驾护航。同时在试点区域，借助“城市大脑”实现红绿灯的智能配置，使该区域通行时间缩短了 15.3%。

2.“智慧雄安”规划

在中国工程院院士邬贺铨、中国信息通信研究院院长刘多等人的牵头带领组织下，中国信息通信研究院产业与规划研究所设计了“智慧雄安”的总体框架，该框架要求实现地域间融合互动，全过程同步规划、同速建设，开展两地互动，打造数字孪生城市，做到决策执行智能化与数据信息可视化。《雄安规划纲要》在城市智慧化管理领域提出“坚持数字城市与现实城市同步规划同步建设，适度超前布局智能基础设施，打造全球领先的数字城市”“建立健全大数据资产管理体系，打造具有深度学习能力、全球领先的数字城市”等建设内容。

3. 虚拟新加坡平台

新加坡政府与法国达索里路等多家公司和研究型组织签署协议，启动数字孪生虚拟新加坡项目。该项目复制真实世界的物理新加坡数据，生成对应城市数字孪生模型，存储大量城市运营动态与静态数据，根据需求可实时显示城市运营状态。3 年内，新加坡政府累计投入 7300 万美元进行虚拟新加坡平台研究，积累了 50TB 的数据。

4. 合肥机场数字孪生试点

安徽民航机场集团与飞友科技等供应商共同承建了合肥新桥机场的数字孪生智慧运行项目，该项目使用智能感应器对机场内飞机状态、车辆与行人流量、数据资源进行感知监测，通过上传各类信息到数字孪生模型，同步机场真实运行状态。利用智能算法和大数据平台实现飞行过程资源调配，及时优化修正飞行路径，协助工作人员完成飞行任务。

5. 纽卡斯尔市的数字双胞胎

在英国，来自纽卡斯尔大学的研究生与诺森比亚水务公司合作，创建了该城市的数字孪生模型，以帮助纽卡斯尔市更好地应对突发事件和灾难。相关自来水公司可利用该模型对管道爆炸、暴雨或严重洪水等事件进行模拟，并预测出未来 24 小时内其对城市房屋及人类活动产生的影响。纽卡斯尔大学工程学院水文与气候变化学教授克里斯·基尔斯比在接受《卫报》采访时指出：“数字孪生不仅可以让城市对这种异常天气事件做出实时反应，还可以测试无数潜在的未来紧急情况。”在此类情况下，城市的数字孪生将起到非常重要的作用，它告诉我们哪些建筑物将被淹没，哪些基础设施将被关闭，哪些医院可能受到影响。

放眼望去，中国的城市化建设取得了举世瞩目的成就，而城市化进程的加快必然伴随着资源浪费、交通拥堵、环境恶化等一系列问题，因此，通过建设智慧城市高效精准解决这些问题成为国家全力投入的目标。数字孪生作为建设智慧城市的关键技术体系，目前在智慧城市管理中的应用已经卓有成效。通过分析国家未来发展规划和现阶段的应用水平，数字孪生技术在智慧城市管理中的发展趋势大致分为 3 个方向：

（1）信息网络宽带化。建设智慧城市的基础是信息网络，城乡一体化的宽带网络随着“宽带中国”的建设发展而不断完善。用光纤取代铜线、网络带宽不断加大成为必然趋势，全国信息网络基本实现光纤全覆盖，高速、可移动成为网络建设主题，加快 5G 网络在城市公共区域的全覆盖、提升城市的网络覆盖水平，逐渐成为一种新趋势。

（2）规划管理信息化。通过建设数字化城市运营管理平台，统筹推进城市道路美化、公共卫生服务、土地资源利用、城市建筑规划、城市环境治理等多方面的进程，实现城市管理的智能化。未来，应利用地理信息系统集成和建筑物信息建模等基本数据，以及智慧城市使用物联网传感器获取的实时数据，通过数字孪生、人工智能技术处理和评估数字城市在不同场景下的应用，达到科学规划城市运行与建设的目的。

利用模型叠加软件、数据和各类智能传感器构建数字孪生城市，这种融所有资源和应用场景为一体的技术架构，在规划管理城市时具有超强优越性。首先，这种基于数字孪生技术的数字化城市运营管理平台提供了上帝视角，多维度、多方向地观测城市运行情况，从而实行相应的管理策略；其次，它使得城市管理更加精细，360° 全方位感知，海、陆、空全域监测，使一切尽在掌握中。

（3）公共服务便捷化。建立跨部门、跨地区业务协同的信息服务体系，创新发展教育、就业、社保、养老、医疗及文化的服务模式，是公共服务便捷化的方向。例如，数字孪生助力智慧校园，衔接校园物理空间与数字模型，实现校园环境全方位感知，为学生创建舒适便捷的学习生活环境；数字孪生在医疗领域取得突破性进展，它基于智慧医疗新技术平台，创建医院的数字孪生模型，医院管理员、医生和护士便可在第一时间了解患者的身体状况，获取其健康数据。公共服务以人为本，AR、VR 技术的发展使得城市服务内容的数字孪生最有可能率先实现。在未来，人们足不出户便可通过 VR 技术获得视觉和听觉上的享受，如音乐会、篮球赛。AR 则强调虚拟模型与现实世界的融合，旨在在现实生活中获取虚拟信息服务，如医疗临床辅助、购物中心采购等。

随着社会的高速发展，利用数字孪生技术建设智慧城市是必然趋势。然而，智慧城市建设尚处于理论试验阶段，真正建成数字孪生智慧城市的地区屈指可数。这项工作虽然正在全国各地积极推进，但大多数地区仍然首选宽带网络、互联网数据中心（IDC）等基础设施建设，并未较多地引入智慧城市这一新兴理念。专业人士就数字孪生城市新范式的可行性与可靠性做出了实际性探索与评估，并出现过成功的标杆案例。相信在不久的将来，数字孪生智慧城市建设必将走向成熟、迅速推广，会有更多的城市创建自己的数字孪生体，数字孪生技术将成为第四次工业革命的基石。

（五）工业物联网

工业物联网是将具有感知、监控能力的各类采集、控制传感器或控制器，以及移动通信、智能分析等技术不断融入工业生产各个环节，从而大幅度提高制造效率，提升产品质量，降低产品成本和资源消耗，最终实现将传统工业提升到智能化的新阶段。从应用形式上，工业物联网具有实时性、自动化、嵌入式（软件）、安全性和信息互通互联性等特点。实施数字孪生技术的工业企业可以利用数字孪生体对工业系统进行状态监控、跟踪与控制，除了运行数据外，数字孪生体还可收集位置、配置、财务模型等环境数据，有助于预测未来的运营与异常状况。西西弗斯数字孪生工厂拥有经过验证的数字孪生技术，其整合物联网、大数据、人工智能、数据三维可视化和虚拟仿真等技术，采用三维可视化数字沙盘式管理，集成对接所有运维管理数据，实现运维管理的智能化、调度一体化、生产数据透明化，广泛应用于工业生产制造、工程运维管理、海洋、军工、航天等领域，已在中国交建、中船重工和东方日产等企业中开始应用。数字沙盘是通过声、光、电、图像、三维动画以及计算机程控技术，运用数字投影来实现的，其可以充分体现区位特点，达到一种惟妙惟肖、多姿多彩的动态视觉效果，对参观者来说是一种全新的体验，并能产生强烈的共鸣，比传统的沙盘模型更直观。

现阶段，除了上述领域，数字孪生还被应用于交通、能源、农业、金融、环境等领域。

二 产品全生命周期管理

（一）产品研发阶段

20 世纪 60 年代，美国经济学家雷蒙德·弗农（Raymond Vernon）提出产品生命周期的概念，并提出了产品生命周期的投入、成长、饱和、衰退 4 个阶段理论。随着各类计算机辅助技术和产品数据管理等技术的进一步发展，更加适合现代制造业的产品全生命周期管理出现并引起国内外广泛关注。产品全生命周期管理简称为 PLM。PLM 将产品的寿命划分为研发、制造、服务、报废 4 个基本阶段。虽然在研发与制造之间存在迭代关系，以及服务阶段会产生返修订单等问题，会导致划分出的 4 个阶段相互交织，但这一划分模式为企业理解与运作产品的各个阶段提供了基本的方法。具体到生产活动，PLM 可根据不同企业不同产品的特点继续划分更小的活动单元。PLM 最大的价值并不是实现企业对产品全方位信息清晰全面的管理，而是其中的“精益”思想对企业节省资源方面的改革起到指导作用。这种指导作用能帮助企业缩短研发周期、优化制造流程、节约制造成本、提高协同效率、改良质量把控、提高产品利润，进而提高企业整体的运行效率。此时 PLM 被定位为一种用来管理构成生产活动的人、流程与技术的先进方法。

但是，PLM 出现后并未真正在制造业大放异彩，人们对它的认识和运用仅仅是将其看作一种管理方法。2003 年迈克尔·格里夫斯教授在密歇根大学的 PLM 课程中提出“镜像空间模型”，并在其 2011 年出版的著作中引用了牛津大学的约翰·维克（John Vicker）教授描述“镜像空间模型”时所用的名词——数字孪生体，将其定义为“与物理产品等价的虚拟数字化表达”，从此，数字孪生技术进入人们的视野并引起技术及工业界的广泛关注。随着数字孪生技术的出现和发展，PLM 技术的实现途径逐渐清晰，其理念与预想将逐渐变为现实。

1. 需求分析

需求推动产品设计和创新。需求是影响产品的根本因素，决定产品的结构、配置、功能，其微小改变就可能带来产品巨大的变化。对于涉及成千上万个零部件的复杂产品，厘清各种需求与产品配置的关系，是产品不断更迭长远发展的需要。而需求来自用户的意愿，配置则体现于产品，这种对应关系可以在虚拟空间中得到映射。已淘汰的同类产品的数字孪生体中包含产品的需求与配置信息，这些信息在研发、服务、报废阶段不断产生，在研发阶段会产生为满足用户初始需求而设计的配置，在服务阶段会产生为满足用户增加需求而变更的配置，在报废阶段会产生为满足报废与回收需求而设计的配置，将多代产品的需求与配置信息集成，即可形成“需求—配置”关系表。利用不断完善的“需求—配置”关系表，在产品研发初期便可迅速确定本代产品将会采用的配置模块，形成配置一览表，甚至快速计算得到成品的形貌，尤其对于飞行器、船舶等拥有数以亿计的零件的大型工业产品来说，将大大节省研发初期投入的时间与人力资源。

2. 设计记录

从某种意义上讲，设计是将产品概念转化为数据的过程。下面将围绕产品数字孪生体开展产品设计工作，基于 6 个环节讨论数字孪生体的运用方式：

（1）同一个设计人员的不同版本记录。

一个设计人员在设计过程中会产生多次修改，形成多个设计版本，在本次设计中被舍弃的设计版本，极有可能在后续同类产品的研发工作中被参考或采用，例如当确定某些经验数值时可减少测算次数或提高精度等。足够多的设计版本便形成了对照表，可为后续的产品研发提供巨大的参考和帮助，其价值随着记录数量的增长而快速增长，最后可上升为企业的核心设计资料。

（2）不同设计人员之间的协同设计。

数量庞大的设计数据往往分布在不同的设计部门或同一部门不同的设计人员手中。为了提高设计效率，这些设计部门与设计人员必须一致围绕公认公开的同一模型进行设计，该公开的模型便是一代产品数字孪生体的雏形。此时数字孪生体虽然还未成为产品在虚拟空间中的真实表达，但已拥有了随时追溯的机制，而这一机制赋予了整体研发工作迅速响应产品变更的能力。

（3）官方决策。

这一初始的数字孪生体代表了产品研发进程的最新进展，肩负着产品研发的官方决策责任。该数字孪生体负责实时更新产品的各个组件，使任何一个设计人员在任何时刻看到的产品设计信息都是最新的，以此可以避免设计版本管理混乱的问题，提高协同设计效率。

（4）设计评审辅助。

通过审查该数字孪生体，可以评定设计短板，及时变更设计管理方案或调控设计人员，使设计任务能够按时完成，甚至由于数字孪生体始终同步最新设计进展而免去传统设计评审。

（5）初建服务清单。

设计过程中由设计人员分析总结出的产品售出后可能需要进行维护的项目及维护技术被记录到产品数字孪生体。

（6）数字样机功能。

随着设计进度的不断推进，不断完善的数字孪生体具有了数字样机的功能。数字样机可应用于复杂的分析场合，如结构分析、装配分析、动力学分析或碰撞分析，甚至可以代替物理样机。

3. 采购协同

采购连接资源市场与企业设计制造人员。采购既是一个商流过程，也是一个物流过程，因此采购工作主要有采购成本最小化与采购周期最短化两个目标。采购员越早获得采购信息，采购成本与周期就越容易得到控制。下面将从两个方面论述采购活动中数字孪生的应用方式。

（1）数字孪生体向采购部门的信息输出。

产品设计阶段中数字孪生体逐渐完善，因此在产品设计阶段甚至早在需求分析阶段，便可向采购员输出例如采购对象与最小采购量等采购信息，帮助采购员及早确定采购计划，规划采购流程，与供应商商谈。同时数字孪生体也应开放一定的端口给采购部门，使采购部门能围绕最新的研发进度实时调整采购计划。

（2）采购部门向数字孪生体的信息录入。

采购员应将获得的实际采购信息及时上传至数字孪生体，作为数字孪生体采购数据的一部分，这些采购信息对于后续开发控制成本具有巨大的参考价值。此外，数字孪生体还须收集采购件本身在虚拟世界中的对应模型。例如对于螺栓、气动接头等标准件，所需收集的一般只是其CAD 模型和批次信息；而对于伺服电动机、电路板、控制器、LED 屏幕等具有完整功能的组合体采购件，则需收集其完整意义上的数字孪生体，即本代产品的数字孪生采购信息中应嵌套采购件的全生命周期信息。采购件被本企业购入以后就处于服务阶段，因此需依靠其对应的数字孪生体来了解其供应商及其上游供应商、制造商甚至设计商在各自的工作阶段对产品做出的创造和改变信息。这不仅要求本企业采用基于数字孪生的 PLM 理念来管理企业，还要求供应商企业也拥有类似的系统架构，能够在货品输出的同时输出其虚拟信息作为附属产品一并销售。

4. 营销准备

营销活动采用线下活动营销、电视广告营销等多种手段，配套的营销材料也有手册、平面广告和视频广告等多种形式。营销材料在过去往往具有不确定性：①基于物理产品，因此营销活动必须在物理产品被制造之后才能进行；②脱离物理产品，在物理产品制造完成之前提早进行营销活动存在实际产品与宣传产品不符的风险。而基于数字孪生体的营销则排除了这一不确定性。

营销材料可随数字孪生体的变动一起变动，确保营销活动所宣传的产品信息与实际设计的产品保持一致。使用与设计同步输出的营销材料，既可避免营销活动的推迟，也不需依赖实体制造部门的生产进度。如今图形化的营销材料可以从数字孪生体的几何信息中方便地读取，营销图片可以从虚拟产品中截取，而从虚拟产品中获取视频材料的技术手段正在进步并已有一些应用，如机械产品与车间生产仿真动画的输出等实例。

（二）制造生产阶段

在制造生产过程中，建立一个生产环境的虚拟版本，用数字化方式描述整个制造环境，在虚拟数字空间中进行设备诊断、过程模拟等仿真预测，可以有效防止现场故障、生产异常造成的严重后果。例如，3D 生产线实现了生产环境、生产数据、生产流程的数字可视化。从设备上的传感器中导入数据，可实时监测到设备每个部位的轴温、开机时长、当前生产阶段、设备利用率、产量等关键数据信息。在 Web 端与手机端逼真呈现整个流水线生产过程，呈现方式一目了然，更加方便企业进行管理。

（三）设备维护阶段

在维护阶段，数字孪生也能发挥重要作用。如对于工厂设备设施，就可用数字孪生进行相应的维护。当设备生产流水线的仿真模型搭建完成后，通过对运行数据进行连续采集和智能分析，可以预测维护工作的最佳时间点，提供维护周期的参考依据，不仅能够及时预测相应风险，同时还能做出高效迅速的反应，有效提升产品的可靠性和可用性，降低产品研发和制造的风险。

（四）产品报废阶段

不同于传统的产品生命周期，PLM 非常重视产品的报废，这一转变来源于日益增长的环保要求和逐渐增强的法制观念。传统的产品报废被看作简单的遗弃行为而忽略，而产品的数字孪生体却不会因为物理产品的报废而失去价值，反而会延续报废产品的生命。下面将论述产品报废阶段数字孪生技术的运用方式。

1. 报废指导

随着环保和法治意识的日益增强，任由用户随意弃置产品于自然进行产品报废的方式越来越难以立足。企业将不可自然降解的产品随意弃置意味着环境的污染，从而面临法律法规的制裁；对于具有再利用价值的产品来说，随意弃置大大增加了材料回收企业的成本，造成社会资源的无端浪费；至于大型产品，其报废并不意味着所有零部件都到了报废阶段，产品零部件的磨损与疲劳情况会因用户的使用环境、工作负载的不同而不同，到了报废阶段整个产品的状态也不尽相同，因此对所有售出的产品采用统一的报废回收方式是不合适的。借助产品数字孪生体的实例，厂家能够不断监控产品及各零部件的状态，在产品达到预期寿命准备报废时，厂家可根据性能反馈数据总结一份报废指导书来指导用户实施报废，最后被实际实施的报废方案应作为产品的报废信息回归到产品数字孪生体。

2. 生命信息归档

物理产品实施报废后，对应的数字孪生体将开始对物理产品的一生加以总结归纳。产品从设计、制造、维护到报废，其全生命周期所有历史数据均被真实地记录在产品数字孪生体的实例中，进而返回到产品数字孪生体，对其全生命周期进行总结与归档可以分析得到更为深层的信息，如设计人员的设计偏好、设计能力进步情况、企业部门协作程度、企业管理效率短板与漏洞等。针对产品生命信息，迈克尔·格里夫斯教授基于多年经商的经验提出一个隐患：每一代产品在很多年后回顾，必然存在一定的时代特征，如当时的技术水平、设计理念、法律法规所导致的产品设计和制造特点，其中大多数的特点的实质为产品缺陷。为防止无良竞争对手委托律师取出早已过时的虚拟产品进行断章取义的起诉，产品的数字孪生体应设置到达一定年限的销毁机制。因此，即使产品已报废，依然要对产品数字孪生体的生命加以控制，既要保证有用信息随时可调取，又要保证其过时后的销毁机制可控。

物理产品与其数字孪生体分别在物理空间和虚拟空间中经历了各自

的全生命周期，从这个过程中可以发现，数字孪生是一个如产品一般，具有生命和使命的虚拟空间中的价值集合体。伴随物理产品全生命周期，数字孪生体也同步形成一个特点鲜明的生命周期。

上文总结了数字孪生体的全生命周期，同时受到数字孪生的闭环生命周期的启发，结合其所引领的虚实融合潮流，推测一种随着制造业的发展，数字孪生体可能的发展方向。

数字孪生充分利用了与现实世界并行的虚拟世界，拓展了人们认识与控制生产资源和生产流程的空间，为 PLM 的落地提供了实现途径，为创新注入了新的动力。在虚拟空间中进行虚拟生产活动将最大限度地节约物理资源，计算机仿真技术的运用又使虚拟生产系统同时具有强大的分析、决策和预测能力。数字孪生体数据的闭环性与虚实空间流动的双向性，可以充分挖掘并有效利用制造过程中产生的数据，增加了信息的价值。

三 典型案例分析

（一）德国西门子公司：数字孪生体应用模型

数字孪生在制造领域具有极大的应用潜力：在产品的设计及研发方面，通过建立产品数字孪生模型，可以在各部件被加工出来之前，对其进行虚拟加工与验证，避免反复迭代所带来的高昂成本和漫长周期。西门子公司提出了基于 Team center+NX 集成一体化平台的解决方案，通过将基于知识工程的产品快速设计、基于 Check-Mate 的一致性质量检查和 NX 完整三维注释环境等一系列功能进行融合，形成一个高效的三维虚拟模型设计环境，帮助用户对三维产品进行快速建模。在产品的制造方面，通过产品的生产环境进行数字孪生体的构造，可模拟产品在加工过程中的实时状态，并通过合理分配资源来减少生产时间，从而提高生产效率。Team center 软件是一种现代化的、适应性强的产品生命周期管理系统；NX 是 Siemens PLM Software 公司出品的一个产品工程解决方案，它为用户的产品设计及加工提供了数字化造型和验证手段。

在车辆领域，西门子通过数字孪生将现实世界和虚拟世界无缝融合，通过产品的数字孪生，制造商可以对产品进行数字化设计、仿真和验证，包括机械以及其他物理特性，并且将电器和电子系统一体化集成。新的技术提供了新的汽车设计与制造模式，基于数字孪生，制造商能够规划和验证生产过程、优化工厂布局、选择生产设备并且仿真与预测，同时优化制造过程中人员的工作条件。在自动生成可编辑控制器的代码后，通过虚拟调试技术，即可在虚拟环境中验证自动化系统，从而实现快速高效的现场调试。随后，利用虚拟世界来控制物理世界，将可编辑控制器代码下载到车间的设备中，通过全集成自动化，实现高效可靠生产；通过制造运营管理系统，可实现生产排程和生产执行及质量检测；通过 MindSphere（MindSphere 是西门子推出的基于云的开放式物联网操作系统）可随时监控所有机器设备，构建生产和产品及性能的数字孪生，实现对实际生产的分析与评估。此外，通过物理世界可持续反馈至产品和生产的数字孪生，实现现实世界中生产和产品的不断改进，缩短产品设计优化的周期。

而在应用数字孪生技术进行企业创新的过程中，西门子公司提出的用来帮助制造企业在信息和数字空间中构建整个制造流程的生产系统模型数字化双胞胎的概念，实现了物理空间中从产品设计到产品制造的全设计周期数字化。

（二）法国达索公司：强调数字孪生体与物理实体的一致性

数字孪生技术正在大踏步进入生命科学领域，达索系统在这方面进行了积极探索。达索系统在推动制造、城市数字化的同时，全面布局生物、医学领域的数字化。与构建物的数字孪生相比，基因、细胞、器官、人体的数字孪生更加复杂。达索系统有一个特别著名的“生命心脏项目”（LHP），通过生物技术传感器和扫描技术为人类心脏建立数字孪生。该数字孪生是具有电和肌肉特性的心脏的个性化全尺寸模型，可以模拟真实心脏的行为。它不仅可以支持各种操作，例如贴紧心脏起搏器，反转腔室，切割任何横截面以及运行假设，而且还可以对心脏进行虚拟分析，以便在疾病发作之前为心脏病患者提供护理。

参考文献

[1] 吴雁，王晓军，何勇，等. 数字孪生在制造业中的关键技术及应用研究综述 [J]. 现代制造工程，2021（9）.

[2] LEU M C，ELMARAGHY H A，NEE A Y C，et al. CAD model based virtual assembly simulation，planning and training [J]. CIRP Annals-Manufacturing Technology，2013，62（2）：799-822.

[3] HU L，LIU Z，TAN J. A VR simulation framework integrated with multi source CAE analysis data for mechanical equipment working process [J]. Computers in Industry，2018（97）：85-96.

[4] LI C，MAHADEVAN S，LING Y，et al. Dynamic Bayesian network for aircraft wing heath monitoring digital twin [J]. AIAA Journal，2017，55（3）：930-941.

[5] SODERBERG R，WARMEFJORD K，CARLSON J S，et al. Toward a digital twin for real-time geometry assurance in individual production [J]. CIRP Annals，2017，66（1）：137-140.

[6] CANADAY H，李韵. 数字孪生技术的关键在于数据 [J]. 航空维修与工程，2019

(10): 15-16.

[7] 陈骞. 国外数字孪生进展与实践 [J]. 上海信息化, 2019 (1): 80-82.

[8] 戴晟, 赵罡, 于勇, 等. 数字化产品定义发展趋势: 从样机到孪生 [J]. 计算机辅助设计与图形学学报, 2018, 30 (8): 1554-1562.

[9] 林润泽, 王行健, 冯毅萍, 等. 基于数字孪生的智能装配机械臂试验系统 [J]. 实验室研究与探索, 2019, 38 (12): 83-88.

[10] 梁生龙. 数字化双胞胎技术在燃气轮机生产参数校正中的应用 [J]. 山东农业大学学报 (自然科学版), 2020, 51 (5): 924-927.

[11] 孙惠斌, 潘军林, 张纪铎, 等. 面向切削过程的刀具数字孪生模型 [J]. 计算机集成制造系统, 2019, 25 (6): 1474-1480.

[12] GOHARI H, BERRY C, BARARI A. A digital twin for integrated inspection system in digital manufacturing [J]. IFAC-PapersOnLine, 2019, 52 (10): 182-187.

[13] DEBROY T, ZHANG W, TURNER J, et al. Building digital twins of 3D printing machines [J]. Scripta Materialia, 2017, 135 (1): 119-124.

[14] 丁华, 杨亮亮, 杨兆建, 等. 数字孪生与深度学习融合驱动的采煤机健康状态预测 [J]. 中国机械工程, 2020, 31 (7): 815-823.

[15] KRAFT J, KUNTZAGK S. Engine fleet-management: The use of digital twins from a MRO perspective [C] //Turbo Expo: Power for Land, Sea, and Air. North Carolina, the United States: American Society of Mechanical Engineer, 2017.

[16] 苗田, 张旭, 熊辉, 等. 数字孪生技术在产品生命周期中的应用与展望 [J]. 计算机集成制造系统, 2019, 25 (6).

[17] 宋悦, 时祎瑜, 于劲松, 等. 基于数字孪生的光电探测系统性能预测 [J]. 计算机集成制造系统, 2019, 25 (6): 1559-1567.

[18] 赵亮, 高龙, 陶剑. 数字孪生技术在航空产品寿命预测中的应用 [J]. 国防科技工业, 2019 (5): 42-44.

[19] 桂卫华, 曾朝晖, 陈晓方, 等. 知识驱动的流程工业智能制造 [J]. 中国科学: 信息科学, 2020, 50 (9): 1345-1360.

[20] 桂卫华, 王成红, 谢永芳, 等. 流程工业实现跨越式发展的必由之路 [J]. 中国科学基金, 2015, 29 (5): 337-342.

[21] ZHOU X, EEBECK A, LIM M Q, et al. An agent composition framework for the J-Park Simulator-A knowledge graph for the process industry [J]. Computers & Chemical Engineering, 2019 (130).

[22] KOCKMANN N. Digital methods and tools for chemical equipment and plants [J]. Reaction Chemistry & Engineering, 2019, 4 (8): 1-8.

[23] BEVILACQUA M, BOTTANI E, CIARAPICA F E, et al. Digital twin

reference model development to prevent operators' risk in process plants [J]. Sustainability, 2020 (12): 1-17.

[24] 李彦瑞，杨春节，张瀚文，等. 流程工业数字孪生关键技术探讨 [J]. 自动化学报，2021，47 (3): 501-504.

[25] CAI Y, STARLY B, COHEN P, et al. Sensor data and information fusion to construct digital-twins virtual machine tools for cyber-physical manufacturing [J]. Procedia Manufacturing, 2017 (10): 1031-1042.

[26] CHEN W. Intelligent manufacturing production line data monitoring system for industrial internet of things [J]. Computer Communications, 2019 (151): 31-41.

[27] 唐竞. 数字孪生在航空机电产品装配工艺中的应用研究 [J]. 航空制造技术，2019，62 (15): 22-30.

[28] 周倩. 如何突破离散工业的数字化瓶颈 [J]. 中国工业评论，2017 (5): 76-82.

[29] 张艳. 数字化背景下我国零售业跨界与融合创新发展研究 [J]. 北京工商大学学报（社会科学版），2022，37 (4): 22－32.

[30] 陈岳飞，王思思，田明棋，等. 数字孪生技术在医疗健康领域的应用及研究进展 [J]. 计量科学与技术，2021，65 (10): 6-9.

[31] 陶飞，刘蔚然，刘检华，等. 数字孪生及其应用探索 [J]. 计算机集成制造系统，2018，24 (1): 1-18.

[32] ANGELO C, MATTEO G, SARA M, et al. On the integration of agents and digital twins in healthcare [J]. Journal of Medical Systems, 2020, 44 (161): 1-8.

[33] 高艳丽，陈才，张育雄. 数字孪生城市：智慧城市建设主流模式 [J]. 中国建设信息化，2019 (21): 8-12.

[34] 张旭东，齐雷杰，王敏，等. 从规划亮点看雄安"未来之城" [J]. 资源导刊，2019 (9): 54-55.

[35] 王君弼. 智能城市中的数字孪生 [J]. 互联网经济，2020 (7): 84-88.

第六章

数字孪生智慧城市建设

一 数字孪生城市建设要素

数字孪生五维模型广泛运用于数字孪生建设。数字孪生建设涉及多个生产生活领域，其中就包含数字孪生智慧城市建设。

数字孪生城市的建设要素包括核心要素和外部支撑，而关于核心要素和外部支撑，我们引入“4+5”框架，以便更好地理解。

建设数字孪生城市需要 9 个要素，即“4+5”框架。

（一）核心要素

“4”是为数字孪生城市提供内部动力和数字基础的四大核心要素。

（1）基础设施：信息基础设施是数字孪生城市的数据底座。

（2）数据资源：全时全量数据资源是城市数字孪生体的重要组成部分。

（3）平台容量：数字孪生城市的建设需要一个城市级平台支撑，为数字孪生城市提供统一对话界面、操作系统和发展土壤。

（4）应用场景：数字孪生城市应用已经渗透到城市生产、生活、生态等诸多领域，是数字孪生城市的活力之源。

（二）外部支撑要素

“5”是数字孪生城市的五个主要外部支撑要素。

（1）战略和机制：战略和机制的制定将优化数字孪生的政策环境，推动数字孪生城市规范、有序、健康发展。

（2）利益相关者：数字孪生城市重要的设计者、建设者和用户，是数字孪生城市生态系统的重要组成部分。它主要涉及地方政府、ICT（信息通信领域技术）服务供应商、市民、监管机构、城市运营商、地产开发商等诸多利益相关方。

（3）资金和商业模式：资金和商业模式是优化资源配置、提高数字孪生城市项目建设和运营效果的关键手段，也是影响数字孪生效能发挥的重要因素。

（4）标准和评价：标准和评价是数字孪生城市建设遵循的标准与规范，也是数字孪生城市项目运营评价的重要参考。

（5）网络安全：数字孪生城市建设涵盖云、网、端整体技术生态体系，数据汇聚、用户规模更是达到了前所未有的高度，网络安全的重要性更加突出。

二 数字孪生城市建设愿景

想要建设数字城市，首先应该有一个完整的构思和美好的蓝图，那么我们的数字孪生城市的建设远景都有哪些呢？

城市生产运行高效集约。在数字孪生城市中，实时呈现城市危险化学品运输动态路径、地下管网各项指标和自然灾害推演效果等。在一些高危险、高温度、高湿度等条件极差的生产环境中，全面实现人与机的完全置换、无人化作业、远程巡检、远程操控，降低工作人员生产危险、提高工作环境安全系数，实现城市生产“零损害”；城市规划者便捷地开展数字化设计；城市建设者远程地调度资源、监控进度；城市管理者随时随地分析推演决策效果。这能使城市运行效率全面提高，人工投入、物料投入、城市能耗等大幅降低，形成一种更加绿色集约高效的发展模式。

城市生活空间宜居便捷。在数字孪生城市中，城市居民可随时动态查视道路交通情况、了解城市拥堵情况以便改变出行计划；不论身处何地，都可以身临其境地体验世界各地的旅游景点；通过虚拟现实技术手段开展例如物理化学等教学实验，增强现实与虚拟互动的程度；获取出行导航服务；城市居民随时随地便捷地反馈城市问题与需求，并跟进问题整改情况；获取城市突发事件、灾害等实时预警信息，及时获取救援服务；缩小线上线下体验的差异，以便更多人群通过数字孪生城市享受医疗、教育等公共服务。

城市生态环境可持续。在数字孪生城市中，城市管理者可以实时了解热岛效应（是指一个地区的气温高于周围地区的现象）、环境污染、气候变化和能源利用情况，智能分析区域资源配置差距，自动化制定资源合理流动与最优化匹配策略。例如，可通过热岛效应快速划定城市绿地面积；可依据人口密度和交通情况对基础设施部署密度、信号灯配时等进行动态调整与规划。这样可以大幅度提高环境承载力，使城市资源布局更加合理，城市发展更加可持续。

（一）城市生产运行集约高效

经济基础决定上层建筑，想要实现数字孪生城市的最终目标，首先应该保证城市的生产运行，保证生产运行集约高效是数字孪生城市建设的第一步。那么，怎样通过数字孪生让生产更加集约高效?

1. 智慧园区

从“智慧管理”“智慧服务”两个维度，打破传统的信息孤岛，构建园区综合运营管理平台，为园区企业提供“一体化”综合运营管理和“多方位”的个性化服务；为实现园区环境宏观尽在掌握、微观逐层缩放的可视化呈现，实时显示园区、楼宇、设备、管路和环境监测等各类信息。

（1）多维数据联动，构建信息大脑。

整合现有不同的房地产管理平台，形成平台及数据的联动效果，掌握园区的各类管理情况，规范园区内数据的“汇管用”，即汇总、管理和使用，进一步提升园区的管理能力。通过多维统计分析，挖掘数据潜在价值，识别园区运营中存在的问题，改善园区环境，做到察无遗余、毫末尽收。

（2）台账设备可视，降低认知门槛。

通过对园区主要对象和设备的三维可视化建模，可以在三维设备的基础上显示园区台账信息。可以根据设备名称、负责人、用途等进行设备搜索和模型审查，降低设备的认知门槛。

（3）告警信息统一，快速定位故障。

对分散在各管理系统中的监控数据进行整合，形成统一的告警事件台，基于告警台可以查看园区所有告警，并基于三维设备显示实时监控数据，包括设备工况信息、性能信息及告警信息。

集中管理不同来源的告警事件，根据园区管理需求制定合理的处理规则及通知策略，根据告警设备、告警位置、告警事件等进行告警的智能化分析，辅助快速故障定位和排查。

（4）风格炫酷科技，提升园区形象。

利用先进的计算机图形技术，构建三维可视化交互管理界面，将园区管理快速提升到更加直观的3D管理阶段。园林文化和风格以更加丰富多彩和震撼的方式展现，大大提升了品牌形象和服务水平。

成功案例：联想总部大楼

建设联想总部大楼时，设计方采用了多套智能化系统，通过智能楼宇系统完成统一管理，系统化集成楼宇自控、环境、监控、停车场、门禁、运维等多个系统。

2. 智慧工厂

智慧工厂可视化管理平台，是基于三维场景，以生产数据为核心、生产业务为纽带，实现工厂园区到车间到流水线再到设备的逐级可视化，并对不同流程节点之间的数据和信息进行集成，对生产流程进行全面监控和全面分析，打造全新的智慧工厂管理模式。

（1）生产管理可视化。

通过全栈三维可视化（通过三维视觉效果，将各行业的数据立体化地呈现出来）技术实现精细化建模，还原工厂车间布局、生产设备模型、生产工艺等，并展示各类设备的空间位置，清晰完整地展现整个工厂环境。

同时，对从原材料进厂到成品出库（含检验）的实际工艺流程进行模拟显示，展现生产的整体流程反关键设备动作、物料流向和生产流程的流畅程度等；对接工艺流程系统，基于3D场景实时模拟工艺流水线的状态，如正常、故障、拥堵等。在系统中模拟展示物料、AGV 车辆（自动导引运输车）聚集情况，用户可以通过调整具体的工艺参数、调试生产方案、发现生产线中存在的隐患、联系工厂进行修改来模拟工艺变更，提高实际生产线的工作效率。

（2）综合管理可视化。

基于数字孪生技术构建的智慧工厂，可以直观、准确地再现厂房和各个区域的管理要素；并将基于全域数据信息，建立一套能够评估当前状态、诊断过去问题和预测未来趋势的业务模型，为业务决策提供科学依据。利用数字孪生技术构建智慧工厂，不仅可以实现工厂所有要素的数字化和虚拟化、生产管理的实时化和可视化、工厂运维的协调化和智能化，还可以帮助工业企业实现数字化运营。

（3）巡检管理可视化。

基于数字孪生环境，可构建工厂孪生可视化环境，也可根据需要灵活地规划巡检业务，支持主动与被动等多种巡检方式。管理者可实时查看当前园区内巡检工作完成度及人员位置，或利用机器人技术模拟完成虚拟巡检，以大大提升实施效率，增强后期可维护性。

（4）仓储管理可视化。

以数字孪生技术为基础，以可视化、智能化、网络化、集成化理念为目标，实现仓储的库区、仓库、罐区、货架、设备等的逐级可视；以仓储监控为重点，集成视频监控、出入库、库存盘点、告警等各种管理系统，构建仓储管理的监控、预警、诊断、分析一体化的 3D 可视化平台。

（二）舒适的居住和城市空间

基本的生产运行产生了质的改变，于是我们追求生存活动空间的舒适和便捷，那么建设智慧社区便成为建设智慧城市重要的一环。

1. 智慧社区

依托数字孪生管理理念构建智能化社区服务管理平台，一方面需要创新管理手段，以促进街道工作的规范化、精细化、科学化；另一方面需要创新服务模式，为辖区居民和单位提供人文化、多元化、社会化的公共服务，助力新型平安社区、美丽社区、幸福社区和文明社区的建设工作。

（1）社区智能运营中心。

智能运营中心（IOC）作为社区运营展示的“大脑”，是报告中心、指挥中心、统一入口，致力于实现社区的可视、可管、可控。整合各系统数据，实现综合管理、综合安防、设施管理、人员管理、能耗管理、物业管理等信息展示，并依据不同场景的需要，联动安防、消防、告警等应用，实现多场景高智能化联动。

（2）平安社区智能管理。

构建平安社区可视化管理，需综合管控社区安防能力和状态：集成视频监控、视频周界、视频巡更、智慧消防、机器人巡逻车巡检、无人机巡检等设备和系统，对社区安全进行统一管理和集中展示及宣传，并设定不同应急保障预案，确保有效保障社区安全防控。

（3）美丽社区智能管理。

构建美丽社区可视化管理，需将社区环境监测、能源消耗数据、新能源、卫生设施、社区休闲服务等数据系统对接起来，以便实现可视化统一管理和集中展示。

提供可视化控制和远程监控手段，如水、电、光、热、卫生等设施的物联网，借此对整体能耗和运行状况智能化统计结果进行呈现，辅助决策分析，实现能源利用模式的持续调优，真正实现绿色社区、节能社区和生态社区。

2. 智慧医院

医院将数字孪生的理念以“一个平台、三个中心”的框架呈现，帮助医院实现信息聚合、数字建模和三维映射，构建智能化数字空间，通过数据治理、知识图谱、轻量建模技术（是在模型建立后，通过对模型进行压缩处理等技术手段，让模型可以在各类浏览器、移动 App 上被使用的技术）提高医院运营管理效率，打造智能化医院运营新模式。

（1）全类型资源统一管理。

统一运营中心集中管理医院运营的各类主题软件和硬件资源，并以三维可视化的形式为用户提供创新的、所见即所得的管理方法。

实现从基础设施到实体医院空间甚至不可见的数据空间的多维度管理，为用户在数字世界形成一套可视化、统一的管理载体。

（2）全业务综合性管理。

医院是一个有机的整体：在不同的科室中，“人”“物”紧密相连，相关数据信息也具有明确的逻辑和关联性。该解决方案支持医院跨部门系统对接，对医院的不同业务及不同部门等的数据统一整合管理，为管理决策研判提供客观的数据支持和依据。

同时，智能中心基于“知识图谱”（是通过将应用数学、图形学、信息可视化技术、信息科学等学科的理论与方法同计量学引文分析、共现分析等方法相结合，并利用可视化的图谱形象地展示学科的核心结构、发展历史、前沿领域以及整体知识架构，达到多学科融合目的的现代理论），让使用人员无须进行跨平台的查找就可以通过当前的某项业务数据层层链接到与之相关的其他业务信息，在更加深刻地认识数据的同时，促进医院业务运营一体化的发展。

（3）全数据集成管理。

整合医院各类事件、指标、配置等物联数据和业务数据，通过专业的数据处理引擎（嵌入式机器学习和算法引擎），可以完成以数字对象为中心的数据集成和数据交付，为医院提供 IT（信息技术）及 IOT（物联网技术）数据集中能力。

它可以监控关键区域、关键事件、人员流动等要素信息的情况并进行态势预测，帮助管理者全面掌控大型医院的经营状况。

3. 智慧校园

以数字孪生为理念，构建校园运营蓝图，跨部门整合学校各类资源信息，实现校园全息可视、综合调度、应急指挥等可视、可管、可控的运营模式。

（1）一图可视——打造校园智能运营可视中心。

以数字孪生理念还原学校整体园区及周边环境，为各类数据提供承载平台。

基于数据收集、存储、计算、分析、优化的过程同时形成各类管理场景，如：平安校园，包含监控视频、周界巡更、安防消防等管理；绿色校园，包含用电、用水、空调、照明等管理；智慧学研，包含智慧教室、实验室、科研成果等管理。

（2）一键闭环——建立运营一站式工作台。

由一图可视所完成的运营可视中心所产生的告警、事件等待处置工单可经由一站式工作台，完成运营流程一键闭环。一站式工作台可包括个人工作台、工具墙、业务画像、业务分析等功能模块。

（3）一数共享——构建校园运营数据支撑中心。

它是指事件、指标、配置和其他物联网数据及业务数据的有效聚合。经过各种专业数据处理引擎（嵌入式机器学习和算法引擎）的数据处理，完成以物联网对象为中心的业务数据集成，以及以物联对象间关系为纽带的各种数据关联。以共享数字中端模式提供外部数据服务，为管理者提供丰富的IT或IOT集中化智能化运营管理手段。

（4）一脑在线——融合数据、业务及运营大屏。

在一图可视、一键闭环、一数共享的建设基础上，经过一系列运营体系的设计，贯穿校园各方面方法规范，形成全新的数字孪生运营体系。通过数字孪生可视化技术，真正打通数字世界与现实世界，并相辅相成，形成常在线并稳定运转的校园运营大脑。

（三）城市生态环境可持续发展

城市在高速发展的同时，不能忽略生态环境的可持续发展，如习近平总书记所说，绿水青山就是金山银山，因此，在建设数字孪生城市的同时也要兼顾生态环境的可持续发展。

污水处理

现实污水站在数字孪生世界里形成跨地域污水站管理、多设备远程管理以及对工艺流程的实时监控和数据统一分析；通过数字孪生世界，可以实现对现实污水站的多站点统一可视化管理、实时直观查看设备工况、降低工艺流程监控难度、高效分析逻辑化数据。

（1）统一管理，掌控全局。

基于地理信息可视化场景实现跨区域、多站点位置分布管理，结合视频监控和数据分析，增强了对全站的控制，有利于资源的整体规划。

（2）快速溯源，降低成本。

通过 3D 技术直观展现各站点总体建设规模和污水处理设施，直观掌握各站点基础设施的运行状态，有利于集中指挥调度、降低人力成本。

（3）工艺仿真，提升认知。

结合工艺流程仿真技术和前端监测数据，实时掌握污水处理进度及设备运行原理，有效帮助经验不足或新进到岗人员快速建立整体认知。

（4）数据整合，高效分析。

各子系统通过灵活配置的接口组件进行集成，实现数据集成、联动可视化，打破系统墙和数据墙，为污水站的决策、指挥、应急和监控场景提供直观的数据支持。

成功案例：溧阳农污

溧阳市智慧农业污水平台通过综合处理站（综合泵站）和净化池，对所辖多个城镇、行政村和自然村的生活污水进行统一管理。通过建设统一的监测网络，采集管辖范围内各种设备、仪器的在线监测数据，实现对综合污水设施运行的监测、数据的智能分析处理和可视化显示，并提供包括多站统一管理监控数据可视化、视频监控、单站管理可视化、工艺流程可视化等可视化功能服务。

（四）智慧城市

智慧城市是在城市各行各业充分利用新一代信息技术的城市信息化

高级形式。智慧城市以知识社会的下一代创新（创新 2.0）为基础，实现信息化、工业化和城市化的深度融合，有助于缓解“大城市病”（指的是在大城市里出现的人口膨胀、交通拥挤、住房困难、环境恶化、资源紧张、物价过高等“症状”），提高城市化质量，实现精细化、动态化管理，提高城市管理效能，提升市民生活质量。

智能城市的组成部分包括智能社区、智能安全、智能交通等。其中，智能社区包括智能家居、智能物业、智能能源等；智能安全包括银行和邮局等的道路监控；智能交通是指在交通领域充分利用互联网、人工智能等技术。

智慧城市是一种城市类型，它利用信息和通信技术提高城市管理的有效性和公民的生活质量。随着科学信息技术的不断发展和城市信息化应用水平的不断提高，智慧城市应运而生。

2012 年，中国首批国家智慧城市试点项目共计 90 个，包括北京市东城区、北京市朝阳区、天津津南新区、河北省石家庄市、河北省廊坊市、上海浦东新区等。

新型智慧城市的建设需要基于多样性和长远发展，通过现代信息技术的创新和应用，实现城市信息共享和业务协同，使城市更容易被市民感知和理解，创造更便捷高效的城市生活环境，推动新型智慧城市建设。那么，新型智慧城市的建设包括哪些方面?

1. 大数据 + 管理服务

以城市的大数据为建设基础，构建大数据管理平台以及相关行业应用，实现数据的开放和集成。集中分散的数据资源，为城市运营提供监测预警、应急指挥、智能决策、网格管理、协同联动等综合服务，构建“共建、共治、共享”的城市管理模式，为新时期智慧社会的可持续发展提供有力保障。

2. 物联网 + 城市治理

未来，城市的发展将不仅强调人与人之间的联系，还将注重人与物、物与物之间的联系。目前，新型智慧城市主要涉及应用和服务等三个方面。第一是空气治理。利用网格化空气质量监测设备、物联网管理和大数据应用平台，协助相关部门进行环境监测和空气质量监测，利用环境大数据对城市环境质量和空气质量进行分析、预测和管理。第二是水资源管理，监测整个城市或地区的地下水、河流和水道。第三是监控园区安全生产。按照“硬件 + 平台 + 数据 + 运营 + 服务”的安全生产一体化解决方案，建设集综合监管、应急管理、行政管理、公共服务、风险预警等功能于一身的安全生产信息系统，提高风险防控和应急救援能力，为人民生命财产安全提供有效保障。

3. 视频 + 公共安全

目前，中国的城市发展趋势是多元化和多样化。几年前，中国开展天网项目和安全城市建设，各种监控摄像机部署在城市的每个角落，成为城市的眼睛和触角。通过对城市视频监控数据的分析和应用，将治安防范措施落实到群众身边，让群众共同参与治安防范，实现治安防控的“全覆盖、全网络共享、全时间可用、全过程控制”。而对天网项目和视频监控项目的加固和扩展是“互联网 +”时代创新社会治安防控体系建设的重点，以实现城乡治安防控一体化，达到预警、预测、预防的效果。

4. 云计算 + 产业服务

通过云计算技术促进传统产业转型升级，例如，以智慧旅游业务为基础打造全域旅游大数据云服务平台，将景区智慧化作为切入点，为游客提供基于“吃、住、行、游、购、娱”六要素的“全时域、全地域、全领域”综合服务，使旅游业充满智慧，也为新型智慧城市的建设提供一条新出路。

成都远石多年来致力于二维、三维的 GIS（地理信息系统）技术及无人机航测研究。在 GIS 方面，系统平台与行业需求深度结合，现已在仿真模拟、土地资产管理、人口信息管理、智慧矿山、智慧城市、园区等领域有了完整的行业解决方案。在无人机航测方面，成都远石在西南地区拥有多年的航测经验，目前拥有 DLG（数字线划地图）、DOM（数字正射影像图）、DEM（数字高程模型）、DRG（疾病诊断相关分组）、3D live model（虚拟模型）和全套机载激光雷达的生产能力。

三 数字孪生城市的实践

（一）城市综合治理

在数字孪生从理论走向实践的过程中，都有哪些成功和值得借鉴的经验，又给我们的生产和生活带来了怎样的改变呢？

1. 智慧城市可视化

智慧城市可视化是数字城市建设的重要载体，也是智慧城市建设的组成部分。具体表现为融合城市地理、政服、经济、建设等数据资源，将城市管理各个领域的核心指标与空间信息进行整合，形成跨领域、跨平台的管理场景，从全球角度控制城市业务，打造新一代智慧城市 IOC，为城市治理、经济规划、政府服务、应急指挥等提供有效支持。

2. 基于数字孪生的统一管理视图

基于数字孪生理念，针对城市部件、能源电力、公共安全、地理水文、旅游产业等公共服务管理对象，构建集监测、预警、诊断、分析于一身的智慧城市控制窗口，支持跨组织部门、跨地区、跨行业的统一管理。

3. 结合业务流程的全新消费场景

通过整合城市实体对象、关系数据和活动数据，创建智慧城市知识地图；基于城市管理的业务流程和多领域数据资源的整合，为城市主要管理领域提供一种新的特殊管理场景，带来专项领域管理新模式。

4. 直观高效的决策支撑平台

从城市管理宏观视角出发，梳理城市关键生命体征，聚焦城市重点领域及重大事件，结合城市三维场景管理视图，为城市管理决策层提供决策支撑，辅助管理层现场决策指挥。

（二）城市规划建设

在数字孪生城市建设的过程中，城市建设规划是必要的准备。我们可以通过如下方式进行规划：

1. “数字城市”之辅助规划

传统的城市规划与设计是通过设计平面图、效果图、沙盘模型（根据地形图、航摄像片或实地地形，按一定的比例关系，用泥沙、兵棋和其他材料堆制的模型）和三维动画来展示规划设计成果，计算机技术在城市空间、城市环境模拟上有一定的应用，标准化和数字化的建设对规划图文资料的审查、复核、汇总，完全可以通过专业软件自动生成。而“数字城市”的建设能将各种规划设计方案定位于虚拟三维环境，以动态交互的方式进行全方位审视，评价其对现实环境的影响，并可在虚拟的设计环境中分析设计的合理性，降低设计成本并缩短设计时间。尤其在城市地下空间规划、地下管线规划、工程地质、水文地质和环境地质分析的微观研究方面具有明显优势。同时，通过系统集成，可对 GIS 数据和其他相关信息进行存储、处理和分析。根据城市的现状、发展趋势、潜在容量等综合因素，可通过不同的预测模型，展示城市长期规划和宏观调控的可能前景。

2.“数字城市”之公众参与规划

规划是手段，民众是主人。权尊民之贵、权为民之福、权谋民之利、权保民之安。应关心人、理解人、尊重人，有效推进公共参与，真正把群众利益放在首位，同时满足公众知情权，接受公众监督，为此，建立了公示体系。例如，通过“规划网站”不断展示规划成果，同时建设规划展馆和公告牌，使公众参与更加直接，促进决策过程的民主化。

3.“数字城市”之城市建设

随着计算机技术、网络技术、海量存储技术和 3S 技术（遥感技术、地理信息、全球定位系统的统称）的飞速发展，数字城市在城市规划中的内涵和外延得到了进一步的拓展。“数字城市”的建设不仅包括信息化建设，还包括相关规范、行业标准和城市文化的建设；发展速度不仅取决于技术，还取决于经济实力、文化发展和政策体系。数字城市建设的基本目标是整合资源，优化配置，服务城市建设和发展。

4. “数字城市”推进规划标准化、规范化

数字城市的建设，推进了规划办公、审批、申报流程的标准化和规范化，每一步都按照标准设定相应的流程，促使各项工作按照流程办理。

5. “数字城市”推进工作智能化

基础地理信息系统（GIS）、办公自动化系统（OA）、网络通信系统（MS）是建设规划管理系统的基础信息平台，将管理过程的信息根据计算机和网络通信技术的要求进行规整，实现了城市规划管理信息系统的建设和应用。各项工作内容的流程化使得规划工作更加智能化，使城市景观布局分析、城市动态发展分析简单方便。

随着信息化建设的推进，可以在城市规划管理部门与城市建设部门之间建立有效的信息沟通渠道，实现在线建设申请、规划审批等。

（三）城市交通管理

一个城市交通的便捷程度，在一定程度上反映了城市的发达程度，所以建设数字孪生城市必然涉及城市交通管理。

1. 轨道交通

基于数字孪生可视化技术，整合跨平台运营数据，提升轨道交通服务质量，降低安全风险，助力轨道交通实现数字化升级。

（1）轨道交通线网综合管理平台。

以轨道交通线网为轴，整合人流、列车运行、供电、设备、报警等多维数据，构建线网、线站密集的多维数据显示。提供“一网”多级演练能力，通过线网图从宏观上准确控制轨道交通运营状态。通过线路网

络图的钻探能力对线路站进行精细管理。

（2）客流实时监察管理。

将进站闸门数据和视频监控数据连接到可视化平台，通过获取的数据自动生成流动热图。该系统可以实现对拥挤场所的及时报警，连接视频监控查看实时人流，并对其进行引导疏散。

（3）轨道交通监控可视化管理。

打破传统专业工具的隔离壁垒，构建基于场景的监控管理，采用更直观、友好的演示形式。

借助各种监控系统的可视化集成，实现工具与工具、数据与数据的联动，提供报警影响范围、报警关联、报警根本原因分析等报警处理和数据分析功能。

（4）供电监察管理。

实时采集用电设备信息，便于发现和及时处理异常用电，可以检查和控制用电情况，有效节约用电。

具有强大的综合数据分析能力，通过对用能的分析和优化，识别问题和故障，保证用电系统正常运行，提高系统运行水平。

（5）资产可视化管理。

将各车站的设备连接到一个平台上，对分散的设备数据进行统一管理，并以三维方式显示设备。

同时，可以通过一个平台多方向显示设备配置信息、监控信息、报警信息和空间信息。

2. 智慧地铁

基于数字孪生可视化技术，打造由数据驱动的地铁站点智慧运营新模式。

（1）地铁线网一张图。

在三维城市场景中，地铁线路的分布趋势是可视化的。不同的线路用不同的颜色表示。不同的线型分别表示投产、在建和规划三种不同的状态。

信息板显示线路名称和始发站信息；点击具体线路，就可查看该线路的基本信息，并高亮显示该线路上的所有车站；单击站点就可以转到该站点场景。

（2）地铁运营可视化大屏。

在三维场景的两侧，以图表和仪表板的形式显示整个地铁运营的统计信息。每条线路的顶板显示当天的客运量和出入客流。车站以热图的形式反映客流；指示器信息随 3D 场景的变化而变化。图标统计信息包括生产状态下的线路情况，具体为线路网络、客流、车站、车辆、速度、里程等统计指标。

（3）站点站厅可视化管理。

对站台场景的实际布局进行精细建模，包括站台、车站大厅、车辆、轨道等。

显示平台空间布局和设备分布情况；支持在 3D 场景中查看车站大厅的检票机、安检机的分布和工作情况；点击设备模型，就可查看检票机、安检机的基本信息和故障信息。支持在站台层查看车站空调室、监控室、配电室、信息室和指挥中心的位置。

（4）地铁车辆进出站模拟。

直观呈现车辆进出车站的动画场景。当获得进站车辆的控制信号后，场景中的车辆进站。车辆停稳后，先打开站厅屏蔽门，再打开车辆屏蔽门；接收到出站信号后，先关闭车门，再关闭屏蔽门，车辆离开车站。

3. 智慧港口

以数字孪生可视化技术为核心，整合多渠道数据资源，打造港口信息枢纽，实现信息服务产业化，优化港口各环节作业，为港口企业决策提供参考依据。

（1）打造港口运营数字化底座。

基于自主开发引擎，打破港口数据孤岛现状，对离散的实时监控系统、设施管理系统、智能运输系统等各类业务系统数据进行统一整合。

打通港口信息流、资金流、物流、业务流等数据，统一监管物流公司、港口公司、航运公司、货运代理、船务代理、司机、销售人员等各方的数据，夯实港口运营管理的数字基础，为港口运营管理提供基本保障。

（2）实现港口管理统一化协作。

支持从对象、事件、性能等多个维度，对港口资产、人员、货物进行立体化监管，帮助用户实现统一化协作。

支持实时定位港区安全事件，动态判断集装箱运行状态，掌握港区能耗和污染控制情况，提高调度员的整体控制能力、安全人员对跨专业异常事件的监控能力及运维人员多维设备运行保障能力，增强港区运行协同能力。

（3）辅助港口运营科学化决策。

基于数字孪生技术实现港区物理世界在数字世界的镜像，打造可视化运营管理平台，进而为不同层级的管理和操作人员提供从宏观到微观的港区运营视图。

从安全、高效、环保等维度提供港区一张图，便于用户从繁杂的业务数据中进行管理聚焦，从而有效辅助港区提升科学化、智慧化的经营决策水平。

4. 智慧航运

以数字孪生可视化技术为核心，助力航运业实现互通互联，打破信息孤岛，构建数字经济新航运模式，为航运业务协同提供全局管理视角。

（1）运营管理平台高效化。

运营管理平台收集了航道管理的各种要素，并统一了之前离散的水下航道、航道水文、海峡两岸设施和航行船舶数据。

为导航公司和监管部门提供三维、动态的渠道信息，并应用于不同的业务场景，提高渠道运营的稳定性、安全性、效率和便捷性。

（2）实现监管服务一体化。

基于航运管理相关部门的需求，为监管部门提供渠道设施建设动态、航运公司异常情况等关键信息，为航运企业提供日常运营所需的渠道运营状况和船舶货运计划，打造集监管和服务于一体的综合管理平台。

（3）辅助宏观决策科学化。

基于数据可视化技术、物联网技术，面向航空公司和监管部门实际决策业务需求，平台辅助用户从不同维度进行科学化宏观决策，通过航道一张图快速掌握航道设施现状，进行船舶动态定位。

结合可视化图表即时判断航道状态变化趋势、船舶货运量变化情况，从而更好地进行态势研判和决策制定。

（4）航运安全管控可视化。

航道标准化、数字化、实时更新的电子地图是利用现代信息技术，对航道的基础地理信息数据，如航标、水深、航行障碍物等进行整合而成的。

打开电子航道图，船员可以一目了然地了解航道深度、浅滩、障碍物、锚地面积等，从而快速掌握信息，优化航线设计，避免船舶误入航道浅水区，大大降低安全风险。

5. 智慧机场

以数字孪生可视化技术为核心，通过优化整合数据，助力机场实现业务协同与敏捷创新，高效支撑机场数字化转型。

（1）全局精准可视。

采用机场三维全景、机场站坪监测、机房机位可视化分析等新的管理方式，打造物理机场与数字机场二维一体的数字世界地图。

对航班、旅客、行李、车辆等进行集中化、精细化、协同化、可视化、智能化的运行与管理。

（2）一体高效协同。

充分发挥智慧机场统一指挥、调度、发布信息的核心功能作用，与空管建立信息互通、席位融合、限制信息和协同放行等的协调机制，最大限度地保障航班的运行。

集成捷运、行李等各系统，让机场的资产配置和运行更加直观，实现对所有机场服务对象的管理及相关监控信息一体协同。

（3）应急快速处置。

基于三维地图和可视化技术，对消防应急内容等信息在机场“应急消防一张图”上进行统一管理，并基于大数据和物联网对其进行自动分析，实现智能辅助决策。

与高速公路、铁路部门构建应急信息高效传递机制，实时接收路况信息推送，实现应急保障“空铁联运”。

四 数字孪生城市建设典例

我们来看几个综合典例，看数字孪生城市是如何运作和改变人们的生产生活的。

《中华人民共和国国民经济和社会发展第十四个五年规划和 2035 年远景目标纲要》明确提出要“探索建设数字孪生城市”，数字孪生城市迎来“整体性落地建设”探索期，各地不同程度地推进数字孪生城市规划建设和行业应用创新实践。

为更好地挖掘数字孪生城市典型示范案例，持续推动数字孪生城市产业发展，中国信息通信研究院联合中国互联网协会数字孪生技术应用工作委员会共同编写《数字孪生城市优秀案例汇编（2021 年）》，并于 2022 年 1 月正式发布。云南两地成功入选案例汇编，“智慧丽江城市大脑指挥中心”和“昆明官渡区城市大脑项目”成功入选一网统管类优秀案例。其中，“智慧丽江城市大脑指挥中心”同时入选 2021 年度全国数字孪生城市潜力案例。

丽江城市大脑指挥中心聚焦三个重点，着力提高城市管理科学化水平。

一是聚焦一网（神经感知网络）、一云（城市智能云平台）、四中台（AI 中台、数字中台、感知中台、交互中台）、N 应用（N 个应用场景）建设；二是聚焦党建政务、文化旅游、社会治理、生态环保、公共服务五大板块，让线上数据跑得更畅快，让线下管理更科学；三是聚焦数据解决问题和创造价值，推进“用数据决策、用数据说话、用数据管理、用数据创新”。

昆明官渡区城市大脑（一期）平台信息系统建设项目从城市大脑基地建设、城市大脑视觉展示、智能应用、数据中心扩展、城市大脑物理站点建设五个方面为城市治理、产业发展和民生服务领域的创新应用提供有力支持，帮助官渡区成为智慧城市的新标杆。

目前，数字孪生城市产业尚处于初级阶段，但在政府和企业的高度重视下，数字孪生城市高价值潜力将不断被释放，助推城市的数字化和智能化发展。

（一）中国雄安新区：依托 BIM 管理平台实现城市全生命周期数字化监管

1. 案例概述

2017 年 4 月 1 日，中共中央、国务院决定设立河北雄安新区，这是以习近平同志为核心的党中央做出的一项重大的历史性战略选择，是继深圳经济特区和上海浦东新区之后，又一个具有全国意义的新区，是千年大计国家大事。

雄安新区着眼建设北京非首都功能疏解集中承载地，创造“雄安质量”并成为推动高质量发展的全国样板。同时，为进一步贯彻落实《河北雄安新区规划纲要》“坚持数字城市与现实城市同步规划、同步建设，打造具有深度学习能力，全国领先的数字城市”的要求，坚持“世界眼光，国际标准，中国特色，高点定位”的理念，围绕城市“规、建、管、用、养、维”全生命周期数字化监管，在全国范围内率先展开了“雄安新区规划建设管理 BIM（建筑信息模型）平台”(以下简称“BIM 平台”)建设，实现了“全程在线，高效便捷，精准监测，高效处置，主动发现，智能处置”的数字化城市规划、建设、管理一体化的新模式，建成了国家自主产权的数字城市规建管平台，为数字城市与现实城市同步规划、同步建设奠定了坚实的基础。

2. 典型场景

场景 1：方案会商会审

雄安新区 BIM 平台遵循城市生长周期，结合“总体规划—控详规划—方案设计—施工监管—竣工验收—运营监测”六大管理阶段的闭合流程，以数字技术对管理赋能增效，创新提出了雄安新区“6 个 BIM”，即 BIM0（现状空间）、BIM1（总体规划）、BIM2（控详规划）、BIM3（设计方案）、BIM4（施工监管）和 BIM5（竣工验收）。

其中，在 BIM3 阶段平台提供设计多方案比选的会商会审服务，对项目设计方案的空间布局、建筑高度、建筑风貌以及相关设计参数进行多层次、多维度对比。同时，结合上位规划管控要求，通过将各级各类管控要素数字化，实现设计方案各类设计参数的自动审查。

雄安新区以建筑风格为例，通过创新的开放数据格式，实现了建筑 BIM 模型中各种元素和参数（如室内结构、立面结构、材料、颜色等）的轻量级无损转换和存储。然后，通过数字双视觉显示，可以为领导者、行业专家和项目批准者提供更准确、更真实的决策支持信息。

方案会商会审也支持二三维一体化展示，通过叠加总体规划、控详规划与三维方案，实现在不同场景中搭配园林、路桥、建筑群和光照等要素，选择飞行、俯瞰、环视、漫游等不同的浏览方式深度体验、分析设计方案。

方案会商会审不仅仅是视觉的展示应用，还有更深层次的语义应用，通过调研方案对应项目审查体检单，以及各类规划的管控指标，如用地面积、主功能、建筑面积、建筑密度、计容建筑面积、贴线率等。

场景 2：施工智能监管

在 BIM4 阶段，雄安新区 BIM 平台在进行施工模型审核备案的基础上，更创新地将施工现场管理纳入平台监管范畴。一方面是施工单位在项目开工前必须按照统一标准要求，向行政主管部门提交施工现场三维场库模型；另一方面是通过与雄安新区工程建设智能监管系统的对接，实现施工现场人、机、料、法、环各类数据的互通共享。

同时，为了贯彻落实《河北雄安新区规划纲要》中“适度超前布局智能基础设施，推动全域智能化应用服务实时可控”的要求，雄安新区联合国内 50 多家企业研发了具有自主知识产权的智能基础设施——X-Hub（边缘计算终端），并将 X-Hub 创新引入施工工地管理应用中。通过 X-Hub 的部署应用，一方面实现施工现场前端设备（视频摄像头、机械设备）根据不同场景的自主控制、系统更新，另一方面实现数据的汇集、分发、传输，在平台与前端物联网设备直连的同时，也保证了各类互联网数据的准确性和及时性，进而从规划一张图向规划建设监管一张图拓展。

未来，雄安新区 BIM 平台将在数字城市的基础上进一步加强对 AI（人工智能）、AR（增强现实）等技术的应用研究，开展基于 AI 的城市景观、智能管控新模式的创新研究，并通过人工智能算法辅助专家决策，使雄安新区的管理、控制和治理越来越智能化。

3. 案例总结

从雄安新区 BIM 平台 BIM3、BIM4 阶段方案会商会审和施工智能监管两个简单的应用场景总结来看，数字孪生技术以需求为导向，整合 GIS、BIM、IOT 大数据、AI 等新一代信息技术，通过统一平台、统一度量衡、统一标准，为城市规划、建设、管理、服务、运维赋能提效。

总体而言，在数字城市规划建设过程中，雄安新区以政府管理为导向，结合城市全生命周期的发展规律，以规划建设 BIM 管理平台为中心，构建了数字城市空间基础，为未来全球领先的数字城市建设奠定坚实基础。未来，随着雄安新区城市规划建设的推进，社会经济活动数据将逐步与城市空间数据相融合，形成一个与物理空间、虚拟空间、时间等所有要素共存，虚拟与现实融为一体的数字“双城”，实现对城市数据进行汇聚、融合分析，集中为城市决策和工业应用提供服务，满足城市治理和人民福祉提升的需求。

（二）中国深圳妈湾智慧港：打造数字孪生港口平台，实现港口运作和港航管理智能化

1. 案例概述

深圳市妈湾智慧港作为中国由传统散杂货码头升级改造成数字化、自动化码头的典范，兼备智慧科技、社会效益、经济效益。数字孪生智慧港口运用数字孪生技术对港口静态场景进行 1 ∶ 1 真实还原，同时还对港口动态作业场景进行数据驱动仿真，实现了港口作业场景全方位实时动态还原，设备作业视角灵活切换，拖车作业路径可视，设备和集装

箱搜索定位。堆场及箱务立体空间化管理、作业效率统计分析等功能实现港口运作智能化、港航管理智慧化，助力将妈湾智慧港打造成为粤港澳大湾区智慧港平台。

2. 典型场景

场景 1：三维还原港口静态场景

项目包含妈湾港和海星港两个相邻的港区，覆盖面积近 10 万平方米。数字孪生港口对项目区内静态场景进行 1 ∶ 1 真实还原，包含港区内建筑群、作业场地、堆场标示牌、地面标识、行车线、岸线及场桥和岸桥轨迹等。

场景 2：10 万集装箱动态生成

项目港口可同时容纳 10 万个集装箱，堆放集装箱上箱号、logo 涂装、箱形等均需要动态生成。多参数、海量级的集装箱动态生成对渲染机压力大、要求高，需针对多参数、大规模的集装箱动态生成自主研发优化算法，对生成规则进行抽象简化，对渲染方式进行图形学优化。针对 10 万量级集装箱的场景轻量化，使项目最终可部署在笔记本等轻量设备上流畅运行。

场景 3：实时数据驱动设备运动

本项目还原了岸桥、场桥、拖车这三类作业设备的作业运动，每类作业设备中由于厂家、型号等的区别，衍生出多类设备模型，要求所有设备模型接入实时数据，在场景中动态驱动模型作业，其中涉及不同类型设备模型运动参数不同、设备与设备之间协同联动、设备与集装箱之间协同联动、设备零部件运动轨迹平滑优化等重大难点。项目根据不同类型设备模型运动参数，动态驱动模型运动，可自动处理、清洗、提取实时接入的多设备协同数据，以及自动平滑设备运动轨迹。

场景 4：运营计划动态接入模拟

运营计划包含泊位计划、堆场计划、相关设备调度计划等，要求清空实施场景中的设备、集装箱、船等模型，重新初始化为相关运营计划的场景。由于场景中动态数据量庞大，该要求使场景动态加载能力面临很大的挑战。针对不同类型运营计划数据，分别使用不同类型的研发方案。对泊位计划、堆场计划使用动态生成研发方案，对相关设备调度计划使用动态驱动研发方案，并且增强二者的衔接能力。

3. 案例总结

数字孪生港口运营仿真平台在技术上首次实现了 10 万个集装箱的动态生成，实时数据驱动 200 多台设备协同工作，确保运营帧率不低于 60fps，为用户提供流畅的运营体验，帮助用户更快地定位和解决问题。在业务方面，首次实现了从货物到达、装卸、中转、仓储到离港的全周期运营模拟覆盖。它为用户提供 720° 全方位操作监控，弥补了传统摄像机存在监控盲区、摄像机之间连接不良、监控不方便等缺点。首次对作业计划进行可视化仿真，为港口运营商制定和调整作业计划提供依据，提升作业计划的合理性，提高港口作业效率。

（三）马来西亚乔治城：通过数字孪生城市平台模拟推演城市新建项目潜在影响

乔治城（槟城）位于马来半岛西部的槟榔屿东北角，濒临马六甲海峡东北侧的入口处，是马来西亚的第二大港，也是著名的转口贸易港，还是西马来西亚北部主要物资集散中心。工业在西马来西亚北部居首位，主要工业有造船、机械、炼锡、建筑、橡胶、印刷及电子等。马来半岛北部地区、泰国西南、印尼苏门答腊北部等邻近地区的农、林、矿产品多经此加工或转口。槟榔屿和东岸的北拇港区之间有槟城大桥相连，桥长为 13.5 千米。槟城已发展成为全国大工商业城市之一。槟城州首府乔治市自 1786 年成为英国殖民地后，融合了中国、马来、印度、英国、荷兰、葡萄牙等多元文化，当地建筑也反映出 170 多年的英国文明，以及和中式、印度、伊斯兰风格的并存，其中槟城大会堂、张弼士故居和甲必丹吉灵清真寺都是代表性建筑。壁画遍布古迹区的核心区四周，展示了当地的生活风貌、历史文化气息及人文精神。核心区内部也拥有数千栋历史建筑物，主要位于海墘、土库街、椰脚街和爱情巷四条主要街道上，或是与其呈直角的旧关仔角、莱特街、漆木街、牛干冬、打铜仔街和打石街等街道上。

乔治城以民居与商用建筑为特色，城内保留了不少 18 世纪、19 世纪的建筑物，街上到处有喷泉和雕塑，河边还铺有木板路。它反映了自 18 世纪末期开始的英国统治时期的历史面貌。这一带不仅是有名的观光区，还集中了许多小型餐厅和服饰店，中心地带的威斯康辛大道更被称作购物天堂。

参考文献

［1］世界经济论坛. 数字孪生城市：框架与全球实践洞察力报告（2022）［EB/OL］.［2022-04-27］. https：//view. inews. qq. com/k/20220427A0A82R00? web_channel=wap&openApp=false&openid=o04IBABp_P9WNGyUUPdoNzqziVRc&key=&version=28002059&devicetype=android-29&wuid=oDdoCt3uztqK5nTcQBV3wQCBrpYU.

［2］北斗民商. 信通院高艳丽：数字孪生城市是智慧城市建设的必经之路［EB/OL］.［2022-12-23］. http：//beidoums. com/art/detail/id/30623. html.

［3］IC侠. 智慧城市是什么，智慧城市是什么样子（智慧城市一级分类有哪些）［EB/OL］.［2022-08-23］. https://mbd.baidu.com/ug_share/mbox/4a83aa9e65/share?product=smartapp&tk=4721cbed0f0ed28bb85e91cdab02b370&share_url=https%3A%2F%2Fbhwsu2.smartapps.cn%2Fpages%2Fsingle%2Findex%3Fid%3D512567%26_swebfr%3D1%26_swebFromHost%3Dbaiduboxapp&domain=mbd.baidu.com.

［4］云南省发展和改革委员会. 云南两地入选《数字孪生城市优秀案例汇编（2021年）》［EB/OL］.［2022-02-07］. http://yndrc.yn.gov.cn/ynfzggdt/78876.

第七章

数字孪生的独特之处

一 数字孪生与仿真模型的区别

（一）定义区别

1. 数字孪生

数字孪生是充分利用物理模型、传感器更新和运行历史等数据，将多学科、多物理量、多尺度、多概率的模拟整合到虚拟空间中，实现对实体装备全生命周期的映射，从而反映相应实体装备的整个生命周期过程。

2. 仿真模型

仿真模型是研究仿真对象而制成的各种模型。例如仿真对象的物理模型或适用于计算处理的数学模型。

在数学仿真中，系统的数学模型必须在改写成仿真模型后，才能编写相应的计算机程序并上机运行。

仿真模型是一种模拟物理世界的技术，它包含确定性规则和完整机制的模型转换。如果模型正确，并且有了完整的输入信息和环境数据，那么物理世界的特征和参数就能基本准确地反映出来。假如是对物理世界或问题的理解进行建模，那么模拟就是用来验证并证实所理解的问题的。

数字孪生与仿真模型的区别：数字孪生是通过实测、模拟、数据分析等手段，实时感知、诊断、预测物理实体对象的状态，并通过优化指示调节物理实体对象的行为。在数字孪生体中，仿真模型只是一种创造与操作技术。

（二）需要使用仿真模型的情况

随着模型技术的逐渐进步，越来越多的模型设备被开发和使用。人们也开始逐渐接受这些模型设备，其中比较受到人们欢迎和好评的就是仿真模型。它在具体使用过程中的适用领域如下：

首先，仿真模型主要用于一些与物理和数学相关领域的研究和科学研究。模型的建立也是主要基于物理或者数学理论，建立仿真模型之后的操作比较简单。

其次，仿真模型还可以用来研究一些科研产品。例如基于飞行器的动力学特性，可以利用仿真模型来进行地面上的计算机仿真，也可以对飞行器进行远程控制。

总的来说，仿真模型的应用领域是比较广泛的，在很多场合都可以得到很好的使用并获得良好的用户体验。

仿真其实是运行模型的成果。首先需要建模，然后利用所得的模型进行仿真研究。“过程仿真是一种非常有用的工具，可以用来比较备选方案并证明制造以及与制造相关过程成本的合理性。”通常，过程模型可再现历史数据以用于验证，也可利用假设性研究来推断数据以预测未来。用户可以基于同一个模型进行多次仿真以探索替代方案，或利用仿真来复制系统。

好的模型是真实系统的简化，可以获得必要的彼此之间的联系，而忽略不重要的细节。如果存在可变性并且可以量化，则可以在建模时加以考虑，以获得更接近实际的结果。

二 数字孪生与元宇宙的区别

（一）什么是元宇宙

元宇宙是利用科技手段进行链接与创造的，是映射现实世界并与之交互的虚拟世界，是具备新型社会体系的数字生活空间。

元宇宙本质上是对现实世界虚拟化、数字化的过程，需要对内容生产、经济系统、用户体验以及实体世界内容等进行大量改造。但元宇宙的发展是循序渐进的，是在共享的基础设施、标准及协议的支撑下，由众多工具、平台不断融合和进化而最终成形。它基于扩展现实技术来提供沉浸式体验，基于数字孪生技术生成现实世界的镜像，基于区块链（相当于一个去中介化的数据库）技术搭建经济体系，将虚拟世界与现实世界在经济系统、社交系统、身份系统上密切融合，并且允许每个用户进行内容生产和编辑。

其实元宇宙就是一个概念，是虚拟世界和现实世界的融合。例如“80 后”早期接触网络的那一批人，都会玩网络游戏，而这个网络游戏实际上就是一个虚拟世界。在虚拟游戏世界里面，大家可以完成结婚、做任务、成长、交朋友、买房子、买装备、买衣服等在现实生活中做的事情，以及提升自己的能力，也可以在网络游戏里面采矿或种植，贩卖东西、合作贸易等。

（二）元宇宙的适用范围

元宇宙通过利用我们在进化过程中使用的各种感官能力，给我们一种空间位置感和沉浸感。元宇宙的适用范围也是十分广泛的，已经渗透到我们日常生活的大部分领域。

1. 社交体验

以游戏中虚拟世界的大部分技术为基础，元宇宙将使我们能够通过“真实”活动感受进行社交，其不再局限于文字、图像和视频，而是会利用 VR、AR 等技术发展出更多的方式。

2. 影视

为大众创造一种新的观影方式，比如为影片构建一个可以媲美现实的虚拟世界，让观众身临其境，获得更好的观影体验。

3. 商务办公

商务办公是目前元宇宙开发中一个十分热门的项目，特别是在新冠疫情的肆虐之下，远程虚拟办公成为当下一个十分常见的现象，因为传统的办公存在互动性不足、沟通不及时等问题。元宇宙所打造的，便是一个即时沟通、强互动的虚拟空间，通过数字身份，使用户“面对面”直接交流，甚至还能进行肢体互动等。

4. 游戏娱乐

游戏领域本身便和元宇宙有着极高的契合度，一些世界观打造得十分成熟的网络游戏，它们内部的经济、社会等生态建设，甚至都可以形成一个完整的数字世界。游戏娱乐领域是最容易融入元宇宙当中的，它们将越来越具有沉浸感，更适应空间位置感，更具社交性和互动性。同时，元宇宙让只局限于游戏内部的数字生态向外部开放，将游戏内的数字资产通证化，激活游戏行业的数据价值。

5. 线上购物

如今的网络购物已经成为人们的一个日常消费活动，许多人都习惯在网络上选择商品，而不是去线下的实体商店购买。网络购物的兴起为我们带来便利的同时，也引发了许多问题，如线下实体店经营不佳，线上商品假冒、仿造数不胜数，商品维权困难，实物与宣传严重不符，等等。元宇宙式的线上购物，通过虚拟现实等技术，将实物商品 360° 无死角展现出来，并允许消费者溯源查验。同时还可以将线上的虚拟数字商品与线下实体商品融合，带动线下实体产业发展，塑造一个优质的数字化的购物体验。

6. 线上学习

元宇宙的线上学习能够让教师和学生都不再拘泥于传统的教室和教具，通过虚拟的模型，可将各种在现实空间基本不可能实现的教学场景展现在学生面前。比如在历史课上，再现各个时代的历史场景；在数学课上，将各种几何图形和公式不断组合变化。

不仅如此，元宇宙中的线上教学还充分调动了不同地域之间的教育资源，使一些教学资源匮乏的地区也能享受到高质量的教育，进一步提高教育的公平性。

7. 旅游

旅游业长期以来都受到现实因素的影响，比如新冠疫情的持续便对旅游业造成了巨大的打击。利用元宇宙打造线上旅游，已经是许多旅游景点都在探索的全新旅游方式。将现实中的景点在数字世界中还原，让人足不出户便可以随时游览不同的景色；或者打造奇幻的游乐场景，让游客可以与各种虚拟的形象进行互动、交流，获得各种奇特的体验。

8. 线上聚会

在现实世界中，由于时间、空间等各种因素，朋友之间难得有一场聚会。元宇宙通过场景模拟、身份构建等，让来自不同地点的人相聚在同一个数字空间当中。

元宇宙是下一代互联网，它将利用你和你的朋友、同事喜欢的事物为你们提供全新的体验。全新的工具将为元宇宙创作者提供各种混合嵌入和链接内容的能力，使创作者的数量呈指数级增长。这是一个新的时代，元宇宙会带你去从未想过的地方。

三 数字孪生与虚拟现实的区别

（一）虚拟现实的内涵

虚拟现实，简称 VR，也称人工环境，是利用电脑模拟产生一个三维空间的虚拟世界，提供给使用者关于视觉、听觉、触觉等感官的模拟，让使用者如同身临其境一般，可以即时且没有限制地观察三维空间内的事物。使用者进行位置移动时，电脑可以立即进行复杂的运算，将精确的 3D 世界影像传回，使其产生临场感。

虚拟现实系统一般由以下几部分组成：用来获取人的动作等信息的各种传感器；使人产生立体视觉、听觉和触觉等各种感觉的印象器；还有就是能进行数据处理的高性能电脑系统。

该技术集成了计算机图形技术、计算机仿真技术、人工智能、传感技术、显示技术、网络并行处理技术等的最新发展成果，是一种由计算机技术辅助生成的高技术模拟系统。从技术的角度来说，虚拟现实系统具有三个基本特征：沉浸—交互—构想，它强调了在虚拟系统中人的主导作用。

当人们穿戴上带有各种传感器的数据衣服和数据手套等设备，辅以装有显示器的印象器设备时，就进入了一个虚拟的世界，通过头盔里的显示器可以看到各种景象，听到各种声音，甚至还能闻到气味等。人们的动作会被传感器传送给电脑处理并在虚拟世界做出相应的变化。虚拟世界的最大特点就是“逼真”与“交互”性，人们在虚拟世界中就如同在真实世界一样，环境像真的，人也像在真实环境中一样活动。

过去人们只能从计算机系统的外部去观测处理的结果，现在人们能够沉浸到计算机系统所创建的环境中；过去人们只能通过键盘、鼠标对计算环境中的单维数字信息产生作用，现在人们能够用多种传感器与多维信息的环境发生交互作用；过去人们只能从以定量计算为主的结果中获得启发从而加深对事物的认识，现在人们有可能从定性和定量综合集成的环境中得到感性和理性的认识，从而深化概念和萌发新意。

总之，在未来的虚拟系统中，人们的目的是使这个由计算机及其他传感器所组成的信息处理系统尽量“满足”人的需要，而不是强迫人去“凑合”那些不是很亲切的计算机系统。而随着科技的发展，虚拟现实的应用广度与深度也更胜以往。

（二）虚拟现实的应用圈

目前，虚拟现实已被推广到不同领域中，并得到广泛应用。

1. 军事应用

虚拟现实技术已经在军事演习中使用了很长时间。最初，用于训练飞行员，模拟真实驾机体验和真实的机舱环境及设备。

2. 教育

将虚拟现实技术用于教学有两种模式：

（1）虚拟教室：以学生或教师为虚拟对象的所谓“虚拟学习”。

（2）虚拟实验室：以设备为虚拟对象，学生或研究人员可以使用虚拟设备和环境进行实验，从而部分实现了在现实世界中难以进行的实验。学生和研究人员也可以在计算机上进行虚拟实验和虚拟预测分析。

3. 制造业

虚拟现实技术在这个行业中具有巨大的应用潜力，从最初的市场调查到加工产品和售后服务，都可以使用虚拟现实技术来实现。

4. 建筑和城市规划

虚拟现实技术的引入使设计人员可以在建筑设计阶段以视觉和动态的方式显示建筑物的地理环境、外观和各种设施。人们将来甚至可以在建筑物内外的虚拟环境中行走。

5. 娱乐行业

娱乐是虚拟现实技术应用活跃的领域，包括虚拟现实电影、虚拟现实游戏设备等。应用虚拟现实技术的游戏主要包括驾驶游戏、格斗游戏和情报游戏等。

6. 医学

虚拟现实技术已开始对医学领域产生巨大影响，用于各种医学手术模拟中。例如，在执行复杂操作之前，可以使用虚拟现实中的虚拟患者与医院的医生进行通信；在校学生可以使用虚拟现实模拟人体来进行学习。

7. 石油工业

虚拟现实技术在石油工业中也可以发挥重要作用，尤其是在地震勘探、油藏模拟、海上石油工程和特殊操作培训方面可以被广泛使用。

目前，虚拟现实技术在某些领域已经有了相对成熟的应用，但是它仍处于发展的初期。相信在不久的将来，人们可以轻松地在多维信息世界中漫游，体会到其巨大的魅力。

（三）伦理与法制

“利用虚拟现实技术，去满足一些人猎奇犯罪的变态欲望，是否有违伦理？”

以事实论证，如今这种纯粹基于揣测而非现实依据形成的论调在科技圈里是十分少见的。从某种意义上来说，这份质疑也算是从侧面印证了 VR 行业的现状——能够给予从业者和关注者信心的划时代成功案例迟迟没有出现，在日复一日的“叫好不叫座”的舆论潮流中，争议与质疑声逐渐响起实属再正常不过的结果。但是这个问题值得探讨的角度以及可发掘的深度都很可观。

正所谓太阳底下无新事，作为并无先例的新生技术概念，VR 可能会在未来一段时间内承担一些责备与争议，正如录像厅、武侠小说、台球、游戏机还有网吧一样。舆论能不能正视这项技术才是关键。自古以来新生事物的发展规律皆是如此。

另外，大多数人也认同需“谨慎对待 VR 技术”，毕竟这方面值得借题发挥大书特书的争议范例实在是不胜枚举，比如“虚拟坑”。

“虚拟坑”顾名思义就是在VR视野中的地面上存在的一个大窟窿，身为体验者的我们可以蹲在它的“边沿”，或者踏上搭在“坑”上边的“窄板”向下窥视，倘若胆子够壮的话还可以尝试纵身一跃。对于比较靠谱的“坑”来说，即使在肉体上无法体验到坠落过程中的重力加速度，至少视觉效果还是相当给力的。然而，就是这种乍看之下技术含量近乎为零的虚拟现实把戏，在过去数十年中曾经让无数不自量力挑战VR的好汉方寸大乱、丑态百出。

在斯坦福大学虚拟人机交互实验室创始主管杰里米·拜伦森，以及加州大学圣芭芭拉分校虚拟环境研究中心主管吉姆·布拉斯科维奇合著的《虚拟现实：从阿凡达到永生》一书当中，记载着这么一种观点：几乎在所有我们曾经造访过的虚拟现实实验室中，科学家都会展示他们自己版本的“坑”，虽然有的会表现得很自豪，有的则会低调一点。“虚拟坑”总是让访客们在体验虚拟现实时惊诧不已，而这种展示对于那些开始时抱着怀疑态度的人来说十分有效，能表现出虚拟现实体验有多么“真实”。

倘若换成拥有丰富互动效果、能够身临其境而非隔岸观景，切身体验如盗窃等违背现实法律的行径，从而产生“沉浸其中”的犯罪体验感受，“试问，这种行为是否有违伦理”？

至于接下来的引申发展是“这种不可抗拒的心理影响会对体验者的价值观念造成远远高于传统媒体内容的扭曲，为进一步现实犯罪行为做下铺垫”，还是“虚拟现实本质的作用效果类似精神类药物，其影响程度远胜于传统媒体，肆无忌惮地主动越线冒犯势必会动摇传统道德伦理观念的根基，就结果而言无疑属于有违伦理的行为”，诸如此类的套路结论想要多少就有多少。不过，这种盖棺论定的判断真有看上去那么符合逻辑吗？恐怕不尽然。

至少《虚拟现实：从阿凡达到永生》的两位作者就不这么认为："一旦习惯了新环境，我们的意识便开始走神，转换到了研究者模式。我们想起其实自己是在杰克·卢米斯的实验室里，那里根本没有能和'虚拟坑'对应的真正的深坑，掉下去并不大可能受伤。但是就像路易斯·卢米埃尔兄弟的火车电影一样，我们没法有意识地控制恐惧反应。"

就像卢米埃尔兄弟当年的《火车进站》唬住了不少全然不知电影是扁是圆的观众一样，之所以 VR 会遭受非议，根本原因就在于缺乏参照量与先例，导致公众只能以最坏的结果去揣测这种陌生技术可能会产生的影响——至于这种行为的结果，套用我们头顶青天徐老师的一句话："预测未来之人往往会被未来嘲笑，戒之慎之！"归根结底，我们完全没必要把 VR 技术妖魔化，更没必要急不可耐地早早举起"有违伦理"的道德大棒。但 VR 存在的危害也确实正逐渐显露出来。

VR 技术的危害有哪些呢？

（1）人类的大脑容易被环境无意识地改变。而 VR 游戏中过于真实的视听体验可能会影响玩家的行为，且这种影响可能会延续到 VR 游戏之外的现实世界中。

（2）VR 技术可能会使人与人之间的关系变得更加冷漠。逼近真实的沉浸式体验，容易导致用户沉迷于 VR 技术所创建的虚拟世界，花费越来越多的时间在 VR 设备上，无暇和他人面对面沟通，因此人与人之间的关系会更加冷漠。

（3）VR 技术可能会引发精神控制犯罪。当 VR 技术强烈地刺激用户的视听感官时，可能会使用户产生精神幻觉，分不清虚拟世界和真实世界，容易受到精神和行为的控制，因此具有潜在的精神控制犯罪风险。

（4）VR 技术可能会引发性犯罪。很多 VR 应用中都有一定的色情元素，当用户受到 VR 应用中色情元素强烈的视听冲击后，其精神和心理可能会随之发生改变，暴力性犯罪的倾向也会随之增加。

当下大量资本注入 VR 市场，将虚拟现实成功地以最迅猛的方式带入大众的视野。虽然其硬件、内容等均没有普及化，但商家跟投资者们过度的炒作，仿佛虚拟时代已经来临。所以，当除了像谷歌这样的大公司涌入市场，推出他们的虚拟现实解决方案，其他一些跟风者，如手机厂商、创业型公司、文化传媒公司等，也都宣布踏入 VR 领域，准备大干一番的时候，我们是否应该开始思考：虚拟现实技术究竟能给我们带来什么？

有篇新闻报道称，一位虚拟现实的先驱对那些滥用虚拟现实的公司予以警告。说到这位先驱——杰伦·拉尼尔，就必须得追溯到 20 世纪 80 年代末，他与别人联合建立了 VPL 研究中心，这是第一家生产虚拟现实头戴设备和手套的公司。虚拟现实概念、哲学和技术出现伊始，科学家、艺术家、积极分子以及创始人们就已经着手研究了；而 30 年后的今天，这位虚拟现实的先驱却开始担心虚拟现实进入大众市场的前景。

在一次访谈中，拉尼尔对虚拟现实的危险性做了警告。“这将是接下来几年中，我们面对的最大的伦理问题领域，比人工智能还要大。”他这样说道。

因为不得不承认，每一项新技术的出现都伴随着潜在的新风险，虽然过去的经验向我们表明，这些风险往往只是我们多虑了。譬如当年的手机，人们在为它能解决通信问题而欢呼雀跃的时候，也有不少人担心随着它的普及，会让孩子们沉迷其中从而耽误学习，但随着时间的推移，手机行业在骂声与喝彩声中依然茁壮成长，并逐渐实现普及。

但是相比于手机行业的循序渐进，而今的 VR 技术给人的感觉就有点急功近利了。它几乎在一夜之间就突然闯进了我们的视线，沉浸式的体验开始蔓延至人们日常生活中的每一角落。欢喜之余，似乎从来没有人关注过这样的一门技术是否存在很大的伦理风险，比如精神伦理风险、道德伦理风险等。这样一个与陌生世界相交互的环境难免会对人产生影响，就像德国约翰内斯·古腾堡大学美茵茨分校的一些学者正在研究公众与研究人员使用虚拟现实可能导致的伦理问题，并列出了一份清单。因为随着一些能够创建沉浸在虚拟三维世界幻觉的头戴式显示器在市场上出售，公众很快会拥有从家用电脑或智能手机上生成虚拟现实世界的技术能力，毕竟在不同领域都能有 VR 施展的空间进而被媒体广泛关注，但其风险目前始终没有引起人们的注意。

毕竟 VR 最大的强项是给人沉浸式的感官体验，而就是这种能给我们创造很强幻觉的事实，让它成为一个很大的精神伦理风险，因为沉浸在虚拟现实中会导致离开虚拟现实环境后的行为改变。重要的是，VR 所创造出的情景，都是由虚拟世界的主人决定的，里面所有的视听感官设定，都会或多或少地存在一些“心理操纵”的可能性。而且现在 VR 的内容以视频游戏为主，较为吸引人的体验游戏又是射击、对战类型的，当一个人不断沉浸于洗脑式的掠杀虚拟体验时，难免会把一些行为带入现实，对使用者精神造成不同程度的损害。

此外，过多地沉浸于虚拟现实中，在道德伦理方面也存在一定的风险。当人们都沉浸在虚拟的世界当中时，人与人之间的关系将会变得越来越冷漠。就以智能手机的普及为例，现在到哪儿基本上都是每人一部手机，人们都变成了“低头族”，面对面交流的机会大大减少了。而 VR 能提供的沉浸感是基于个人的，每人头戴一部设备，思想行为被眼前的世界所固定，便无暇顾及周围的一切，而且当下 VR 涉及多个领域，购物、旅游、看电视、玩游戏等都能在虚拟的环境中一次性搞定，基本可以做到不与人交流。如此一来，使用者一旦脱离虚拟的世界，再面对这个本身就令人没有多少安全感的社会环境时，就会变得更加偏激。

当虚拟和现实之间的边界变得越来越不清晰的时候，所制造的伦理困境还有很多。当下企业疯狂涌入，假使短期内技术取得很大进展，虚拟现实技术获得普及，那就绝不是像智能手机那样，都变成“低头族”的问题了，而有可能是相见不识，猜忌横生，使用者都被洗脑，整天活在虚拟的世界，分不清虚实。所以不管是企业，还是开发人员，都应秉持人文理性，在虚拟现实真正来临之前，给玩家建立一个规范的虚拟环境。

（四）交互及应用

虚拟现实的交互性是指用户对模拟环境内物体的可操作程度和从环境得到反馈的自然程度、虚拟场景中对象依据物理学定律运动的程度等，是人机和谐的关键性因素。用户进入虚拟环境后，通过多种传感器与多维化信息的环境发生交互作用，用户可以进行必要的操作，在虚拟环境中做出的相应响应，亦与真实的一样。

虚拟现实交互技术主要有以下四个特征：

（1）临场感：人们在模拟世界中，能够感受到虚拟世界里的环境和事物是真实存在的。

（2）交互性：人们用手触碰虚拟环境中的物体时，就会有手握东西的感觉，并感觉到物体的重量，视场中的物体也会跟着手的移动而移动。

（3）感知性：除一般计算机的视觉感知，还具备听觉、力觉、触觉、味觉、嗅觉等感知，非常全面，让人们有真实世界的体验感。

（4）自主性：虚拟环境中的物体会依据物理定律来进行动作。

随着科技的发展，虚拟现实技术被广泛应用于城市规划、医学、娱乐与艺术文化、卫星与航天工业、虚拟工业仿真、应急处理预演、文物古迹还原、产品展览、教育等领域。

虚拟现实的交互方式有哪些呢？

（1）动作捕捉。

用户想要获得完全的沉浸感，真正“进入”虚拟世界，动作捕捉系统是必需的。目前专门针对 VR 的动捕系统，市面上可参考的很少，其他的要么是昂贵的商用级设备，要么完全是摆设。但是这样的动作捕捉设备只会在特定的超重度的场景中使用，因为其有固有的易用性门槛，需要用户花费比较长的时间穿戴和校准才能够使用。全身动捕在很多场合并不是必需的，因为它还有另一个问题——没有反馈，用户很难感觉到自己的操作是有效的，这也是交互设计的一大痛点。

（2）触觉反馈。

这里主要是指按钮和震动反馈，这就需借助下面要提到的一个大类——虚拟现实手柄。目前三大 VR 头显厂商 Oculus、索尼、HTC Valve 都不约而同地采用了虚拟现实手柄作为标准的交互模式：两手分立的、6 个自由度空间跟踪的、带按钮和震动反馈的手柄。这样的设备显然是为一些高度特化的游戏类应用配备的，这也可以视作一种商业策略，因为 VR 头显的早期消费者应该基本上都是游戏玩家。这样高度特化、简化的交互设备的优势显然是能够非常自如地在游戏等应用中使用，但是它无法适应更加广泛的应用场景。

（3）眼球追踪。

提起 VR 领域最重要的技术，眼球追踪技术绝对值得被从业者们密切关注。Oculus 创始人帕尔默·拉奇曾称其为“VR 的心脏”，因为它对于人眼位置的检测，能够为当前所处视角提供 3D 效果，使 VR 头显呈现的图像更自然、延迟更小，这都能大大增加可玩性。同时，由于眼球追踪技术可以获知人眼的真实注视点，从而得到虚拟物体上视点位置的景深，所以，眼球追踪技术被大部分 VR 从业者认为将成为解决虚拟现实“头盔眩晕病”问题的一个重要技术。但是，尽管众多公司都在研究眼球追踪技术，仍然没有一家的解决方案令人满意。在业内人士看来，就眼球追踪技术本身来说，虽然在 VR 上有一些限制，但可行性还是比较高的，比如外接电源、将 VR 的结构设计做得更大等。但更大的挑战在于通过调整图像来适应眼球的移动，这些图像调整的算法目前来说还是空白。该算法需要实现两个目标，一是图像自然真实，二是快速、延迟小，这对 VR+ 眼球追踪提出了更高的要求。如果实现这两个目标，VR 的可玩性将会再提高一个档次。

（4）手势跟踪。

使用手势跟踪作为交互可以通过两种方式实现：第一种是使用光学跟踪，比如深度传感器；第二种是带有传感器的数据手套。光学跟踪的优势在于使用门槛低，使用场景灵活，用户不需要在手上穿脱设备，未来在一体化移动 VR 头显上直接集成光学手部跟踪用作移动场景的交互方式是一件很可行的事情。但是其缺点在于视场受限，以及我们之前所提到的两个基本问题：需要用户付出脑力和体力才能实现的交互是不会成功的，使用手势跟踪会比较累而且不直观，没有反馈，这需要良好的交互设计才能弥补。数据手套上一般集成了惯性传感器来跟踪用户的手指乃至整个手臂的运动。它的优势在于没有视场限制，而且完全可以在设备上集成反馈机制。它的缺陷在于使用门槛较高：用户需要穿脱设备，而且作为一个外设，其使用场景受限，就好比说在很多移动场景中不太可能使用鼠标。不过这些问题都没有技术上的绝对门槛，完全可以想象类似于指环这样的高度集成和简化的数据手套在未来的 VR 产业中出现，用户可以随身携带、随时使用。这两种方式各有优劣，可以想见，未来这两种手势跟踪方式在很长一段时间会并存，用户可以在不同的场景使用不同的跟踪方式。

（5）方向追踪。

方向追踪除了可以用来瞄点，还可以用来控制用户在 VR 中的前进方向。不过，如果用方向追踪调整方向的话很可能会有转不过去的情况，因为用户不总是坐在能够 360° 旋转的转椅上，可能很多情况下都会空间受限，比如头转了 90° 接着再转身体，加起来也很难转过 180° 。这里的“空间受限无法转身是一个需求”，于是交互设计师给出了解决方案——按下鼠标右键则可以让方向回到原始的正视方向或者重置当前凝视的方向，或者可以通过摇杆调整方向，或者按下按钮回到初始位置。但问题还是存在：以用户面朝的方向作为行走方向与键盘、鼠标相比，转向和视觉相匹配极大地增强了沉浸感，但是有可能玩得很累，大大削弱了舒适性。

（6）语音交互。

在 VR 中海量的信息淹没了用户，他们不会理会视觉中心的指示文字，而是环顾四周不断地发现和探索。如果这时给出一些图形上的指示还会干扰到他们在 VR 中的沉浸式体验，所以唯一的方法就是使用语音，和他们正在观察的周遭世界互不干扰。用户和 VR 世界进行语音交互会更加自然，而且语音可以是无处不在无时不有的，用户不需要移动头部和寻找它们，在任何方位任何角落都能交流。

（7）传感器。

传感器能够帮助人们与多维的 VR 信息环境进行自然交互。人们进入虚拟世界不仅仅是想坐在那里，他们也希望能够在虚拟世界中到处走走看看，比如万向跑步机可以依靠脚上的惯性传感器使用原地走代替前进；或者使用全身 VR 套装，穿戴上这套装备，可以切身感觉到虚拟现实环境的变化，比如可感受到微风的吹拂，甚至在射击游戏中还能感受到中弹的感觉。这些都是由设备上的各种传感器实现的，比如智能感应环、温度传感器、光敏传感器、压力传感器、视觉传感器等，能够通过脉冲电流（周期性重复出现的电流或电压脉冲被称为脉冲电流）让皮肤产生相应的感觉，或是把游戏中触觉、嗅觉等各种感知传送到大脑。但是，目前已有的应用传感器的设备体验度都不是很高，在技术上还需要实现很多突破。

（8）一个真实场地。

就是造出一个与虚拟世界的墙壁、阻挡和边界等完全一致的可自由移动的真实场地，比如超重度交互的虚拟现实主题公园就采用了这种方式，它是一个混合现实型的体验，把虚拟世界构建在物理世界之上，让使用者能够感觉到周围的物体并使用真实的道具，比如手提灯、剑、枪等，中国媒体称之为“地表娱乐设施”。这种真实场地通过仔细的规划关卡和场景设计就能够给用户带来种种外设所不能带来的良好体验，但规模和投入较大，且只能适用于特定的虚拟场景，在场景应用的广泛性上受限。

VR 是一场交互方式的革命，人们正在实现由界面到空间的交互方式变迁，未来多通道的交互将是VR时代的主流交互形态。目前，VR交互的输入方式尚未统一，市面上的各种交互设备仍存在各自的不足。

四 数字孪生的创新点

未来的技术将包含数字化和先进技术，使企业能够提高速度、效率、灵活性、质量。

如今，几乎每个行业领域都在实施数字孪生，以发挥其更多潜力。设备、流程和产品的数字化越来越受到关注。数字孪生正在帮助已经使用先进技术的企业，例如人工智能、机器学习、区块链、物联网技术。数字孪生无疑是企业未来十年的发展愿景，将会加快工业化转型，并促进企业开发新产品和新流程。

（1）快速生产和风险评估：企业可以利用虚拟技术提前分析产品。通过复制整个生产过程，工程师可以识别任何故障。因此，他们可以生产出更好的产品，还可以评估意外场景、系统反应、产品构建策略等。同时还将节省对物理产品进行更改所需的大量时间。

（2）预测性维护：物联网传感器实时产生大数据，企业可以评估这些数据并确定所有的系统将面临的问题。数字孪生使企业能够更精确地安排预测性维护，提高现实世界的生产效率，并减少维护费用。

（3）实时远程控制：要获得一个物理系统的实时、详细的更大视图极具挑战性，有时甚至是不可想象的。但通过数字孪生，用户可以远程控制系统。

（4）加强与团队的协作：数字孪生提供流程自动化和全天候系统数

据可访问性。因此，工程师可以更准确、更频繁地与团队进行协作，进而提高生产效率。

（5）产品追踪：数字孪生可帮助企业在整个开发生命周期中跟踪产品。物联网传感器每隔一段时间就会发送有关性能的反馈，它将有助于提高产品质量。

（6）改进财务决策：大量实时数据和高级分析有利于企业更快、更好地做出生产材料和劳动力成本等方面的财务决策，因此很容易调整制造产品的整体预算。

（7）减少产品质量问题：数字孪生模拟不同的“假设分析”现实场景，帮助组织理解潜在的影响，改进操作和流程，并找出产品的质量问题。

（8）降低维护成本：数字孪生通过捕捉关于不同风险因素、操作场景和框架配置的数据的模型来预测故障。这有助于节省维护开支，提高设备可靠性，减少停机时间，并延长设备使用寿命。

（9）改进员工培训：数字孪生可以模拟现实生活中的危险情况，以此来培训员工处理危险情况的能力。

（10）提升效率和生产力：使用数字孪生，组织不再需要通过探索有关物理项目不同的途径来改善流程。它们不必终止正在进行的过程，可以在实验室中进行模拟，以了解新程序的危害和优势，看看哪些修改可以带来最佳结果。

数字孪生可以通过了解不断变化的客户偏好、定制和体验，帮助组织在数字化革命中保持领先地位。这种技术意味着企业可以更快地交付产品，从组件到代码，质量更高。所以，数字孪生的路，一定可以走得更远。

眼下数字孪生已得到了十多个行业的关注并开展了应用实践。除在制造领域被关注和应用外，数字孪生还被应用于电力、医疗健康、城市管理、铁路运输、环境保护、汽车、船舶、建筑等领域，并展现出巨大的应用潜力。

从工业制造角度看，数字孪生是实现信息物理融合的有效手段。一方面，数字孪生能够支持创建物理世界和信息世界之间的虚实映射与双向交互的桥梁，从而形成“数据感知—实时分析—智能决策—精准执行”的实时智能闭环；另一方面，数字孪生能够将运行状态、环境变化、突发扰动等物理实况数据与仿真预测、统计分析、领域知识等信息空间数据进行全面交互与深度融合，从而增强物理世界与信息世界的同步性与一致性。

图扑软件拥有独立自主研发、高性能引擎组件、一站式协同作业链以及可视化赋能产业生态等多项优势，多年来始终坚持国产化，不依赖第三方商业或开源库，其自主研发的核心产品可满足工业物联网现代化、高性能、不局限于单一平台的跨平台数据可视化需求；在技术领域追求极致性能，组件可承受万级甚至十万级别数据量。支持低代码完全贯穿全产业链做数字孪生产品，依托工业互联网平台实现装备的预测性维护与健康管理，已实现智能化、无代码、可配置的产业数字化管理。

图扑软件可以通过数字化的手段，将原先无法保存的专家经验进行数字化，并提供保存、复制、修改和转移的能力。在传统的工业设计、制造和服务领域，经验往往是一种模糊而很难把握的形态，很难将其作为精准判断的依据。使用这个软件的 2D、3D 和 GIS 可视化技术（可视化技术是利用计算机图形学和图像处理技术，将数据转换成图形或图像并在屏幕上显示出来，再进行交互处理的理论、方法和技术），结合倾斜摄影技术（倾斜摄影技术是国际测绘领域近些年发展起来的一项高新技术，它打破了以往正射影像只能从垂直角度拍摄的局限，通过在同一飞行平台上搭载多台传感器，同时从一个垂直、四个倾斜等五个不同的角度采集影像，将用户引入了符合人眼视觉的真实直观世界）和数字孪生技术，可搭建出各行业智慧管理的三维可视化系统。两侧二维面板辅以数据可视化，可以以更加多样化的形式展现各类基础建设数据，为规划、布局、分析和决策提供技术支撑，推进数字化转型建设进程。

参考文献

[1] 朱嘉明. 元宇宙与数字经济 [M]. 北京：中译出版社，2022.

[2] 陈韵如. VR虚拟现实技术存在的法律和伦理问题 [J]. 艺术科技，2016，29 (11)：96.

第八章

数字孪生的核心价值与现实意义

一 数字孪生的发展现状及前景分析

全球范围内，数字孪生技术发展时间短，尚处于起步阶段。欧美等发达国家虽然起步早，但技术成熟度不高，未来还有较大的提升空间。受中国国情需要以及数字孪生技术发展时间较短等因素的影响，中国数字孪生技术的主要应用领域是机械制造领域、航空航天与国防领域、能源与公用事业领域。在国家政策及下游需求的带动下，中国数字孪生技术市场规模出现了较快增长。2014 年中国数字孪生技术市场规模约为 27 亿元，2020 年增长到约 137 亿元，复合增长率达 31.1%。

数字孪生是 5G 赋能产业链上的重要一环，作为 5G 衍生应用，可以加速物联网成形和物联网设备数字化，与 5G 三大场景之一的万物互联需求强耦合。在未来的 5G 时代，随着新一代信息技术与实体经济的加速融合，工业数字化、网络化、智能化演进趋势日益明显，将催生一批制造业数字化转型新模式、新业态，数字孪生将成为产业各界研究热点，未来发展前景广阔。

运用数字孪生技术能够给多方面带来巨大的改变，下面就来讲一讲数字孪生技术带来的各种价值。

（一）经济价值

实体经济是以物质实体为基础，以三大产业为主体，以人的需求为导向，利用工具、知识和技术通过生产、流通产品和服务实现实际价值创造的经济形态。数字经济是以数据为核心生产要素，利用数字技术对数字化的知识与信息进行识别、选择、存储、使用，引导资源快速优化配置，实现实体增值和经济高质量发展的经济形态。实体经济与数字经济融合发展的本质是通过产业实体和产业数据的结合增值与互补优化，重塑企业生产方式、服务模式与组织形态，催生新技术、新产品、新业态和新模式，发掘企业新价值、新商机，帮助企业提高发现机遇、抓住机遇的能力，并赋予企业更多的活力和竞争力。

党的十九届五中全会提出："发展数字经济，推进数字产业化和产业数字化，推动数字经济和实体经济深度融合，打造具有国际竞争力的数字产业集群。""十四五"规划提出："充分发挥海量数据和丰富应用场景优势，促进数字技术与实体经济深度融合，赋能传统产业转型升级，催生新产业新业态新模式，壮大经济发展新引擎。"全面结合实体和数据，深化融合实体经济与数字经济，既有助于充分发挥实体创造价值的核心作用，又有利于激发利用数据引导优化的隐藏价值，是促进生产方式、生活方式、治理方式实现数字化变革，助力我国经济平稳健康可持续发展的关键所在。

实体和数据同为资源，共具价值，且互相依存，本不可分割，但由于数据采集、传输、存储、运算处理等相关设备设施建设难度和相关技术成熟度等客观因素的限制，在之前很长的一段时间内，利用数据价值实现企业或产品竞争力提升面临着"建设成本高""技术门槛高"等困难。

加之在经济全球化、社会信息化提速情况下，企业可以通过生产规模、实体技术、制度政策、人员结构、经营管理等方面相对直接的优势大幅提高自身的竞争力，从而在增量市场中占据一席之地，这导致数据优势大打折扣，激发数据潜能的必要性难以凸显，实体和数据结合增值、互补优化的步伐也因此放缓甚至停滞。

然而，随着经济全球化的发展，国际竞争越来越激烈，增量市场（指可能会被激发的市场份额）已开始逐步变为存量市场（指现存已经被看到的确定的市场份额）。与此同时，随着社会信息化的发展，生产力水平得到极大提高，人们的个性化需求明显提升，生产规模对于大部分企业来讲已不是一种压倒性优势，实体技术、制度政策、人员结构、经营管理等也逐步变为企业生存的必需品，而不再是某种独特的优势。在当前这个企业亟须寻找新出路、发现新的价值创造模式的阶段，数据的价值开始凸显。加之以“大智移云网”为代表的数字信息技术快速发展，在经济社会中加速扩散和应用，数据驱动经济增长已初显成效。尤其在新冠疫情背景下，以数据为核心的数字经济展现出强大的发展韧性。围绕实体核心发展，结合数据价值提升，深度融合实体经济与数字经济的呼声越来越高。

为了更加科学地促进实体经济与数字经济融合发展，充分发挥实体和数据的固有价值，并激发其潜在价值，需要有一套与社会相契合且相对成熟的理论体系作为指导。近年来，数字孪生相关理论快速发展，目前已初具体系，并已在航空航天、制造、医疗、能源、城市建设等领域推广应用，形成了数字孪生卫星、数字孪生车间、数字孪生医疗、数字孪生城市、数字孪生电厂等一批具有代表性的新业态，为加速产业数字化建设进程和促进数字产业化发展摸清了道路，指明了方向。今后，随着数字化发展的政策进一步落地，数字化、网络化基础设施建设进一步加强，新一代信息技术进一步发展，以及相关高端人才引进与培养工作的进一步推进，“孪生”发展的障碍将被铲平，数字孪生将助力实体经济与数字经济深度融合，快速驶入共生发展的光明大道。

数字孪生是一种利用数字化方式创建与物理实体实时镜像映射的虚拟模型，基于数据和模型联合驱动在虚拟环境中仿真预测物理实体的行为、状态和运行结果，并通过数据融合分析、在线决策优化等智能服务以及闭环迭代反馈、同步映射控制等虚实交互机制，为物理实体扩展新能力、赋予新价值的实体运维管控新模式，与实体经济、数字经济融合发展的理念不谋而合。数字孪生体系架构包括物理实体、虚拟实体、孪生数据、连接和服务五个重要维度。从物理实体本身及其运行过程中采集并汇聚大数据，利用云计算、人工智能、区块链等信息技术对原始数据进行加工存储、融合降维，浓缩数据价值，提高数据的价值度。结合数字孪生的模型，基于数模联动仿真的方式对物理实体进行安全、高效、经济、绿色的设计验证、预测评估和运行优化，以及借助物联网、工业互联网等介质实现对物理实体的实际管控，实现物理实体增值和优化。将上述实体、模型、数据、连接封装为可请求、可调用、可复用、可组合、可重构的服务，提高资源的流通和使用效率，并借力虚拟现实、增强现实等可视化技术，以具象化、直观化的呈现形式提高相关人员的工作效率，间接推动实体优化和相关技术发展的进程。与此同时，海量真实数据和结果反馈也将为信息技术本身的发展提供珍贵的资源。数字孪生通过整合实体、数据、技术三大核心要素，统筹规划了“实体 + 技术”创造价值和数据、“数据 + 技术”引导实体增值优化、“实体 + 数据”支持技术进一步发展的闭环迭代、互补优化的良性循环，为实体经济和数字经济深化融合提供了可行思路。

随着物联网的应用更加广泛，各个领域越来越多的企业开始计划数字孪生的部署。Gartner 的研究显示，截至 2019 年 1 月底实施物联网的企业中，已有 13% 的企业实施了数字孪生项目，62% 的企业正在实施或者计划实施。工业互联网是数字孪生的延伸和应用，而数字孪生则拓展了企业互联网应用层面的可能性。工业和信息化部“智能制造综合标准化与新模式应用”和“工业互联网创新发展工程”专项、科技部“网络化协同制造与智能工厂”等国家层面的专项实施，有力促进了数字孪生的发展。

2020 年全球互联传感器与端点超过 200 亿个，数字孪生将服务于数十亿个物件。数字孪生通过促进数据驱动的决策和协作、简化业务流程和新的业务模型，改变传统的供应链，提供了无与伦比的跟踪、监视和诊断资产的能力。2020 年全球头部 600 家企业都会使用数字孪生来提供产品创新，全球数字孪生市场规模达到 52.2 亿美元，同比增长 33.50%；2021 年全球数字孪生市场规模达到 74.7 亿美元，同比增长 43.10%；预计到 2025 年全球数字孪生市场规模将突破 260 亿美元的大关。

以数字孪生典型的应用场景“智慧城市”为例。中国以“智慧城市”和“新基建”为代表的建设模式虽然起步较晚，但其爆发速度前所未有。目前全球近 1000 个提出智慧化发展的城市中，有近 500 个中国城市，占全球数量的 48.00%。这为中国下一阶段的城市基础设施发展奠定了基础。

2019 年中国新型智慧城市规模超过 9000 亿元，未来几年将保持较快速度增长，预计 2023 年市场规模将超过 1.3 万亿元。当前，安全综治、智慧园区、智慧交通是智慧城市建设投入的重点，三大细分场景规模占智慧城市建设总规模的 71.00%，而城市级平台、机器人等新技术和产品则在快速落地，被更多城市建设方采纳和应用。

数字孪生是 5G 赋能产业链上的重要一环，5G 时代数字孪生不可或缺。随着新一代信息技术与实体经济加速融合，工业数字化、网络化、智能化趋势日益明显，催生了一批制造业数字化转型新模式、新业态，其中数字孪生成为产业各界研究热点，未来发展前景广阔。

（二）社会价值

智慧城市是数字孪生的重要应用之一，包括城市综合治理、城市规划建设和城市交通管理。以城市综合治理为例，数字孪生城市通过模拟各种城市基础设施、电力系统、生态环境，建立物理世界和数字世界映射的交互平台，打破传统智慧城市建设领域的建设管理模式，为城市综合治理提供实时监控和展示中心。

毫无疑问，数字孪生给人们的生活带来了巨大的便利。

数字孪生的价值恰恰就源自其内涵：真实世界的数字备份。在数字孪生体上的观察、思考与行动都是毫无风险的。

数字孪生在其典型应用中有如下优势：

（1）持续改进。

数字孪生技术包含着许多数字化技术与创新，反过来，这些数字化基础，对了解物理世界的机理也至关重要，为未来的改进提供了基础条件。

（2）预测。

通过各种建模技术（仿真驱动、数学驱动或数据驱动的建模方式）

构建的数字孪生体，可以对未来的状态和可能的风险进行预测。

（3）假设分析。

通过设计适当接口，可以轻松地与数字孪生体互动，在对不同场景进行仿真分析的同时进行优化，直到达到最优状态，并最终应用于物理实体。

（4）可观性。

数字孪生体可以提高机器和实体资产运行的透明度，对整个过程进行观测，同样针对更大的运行系统，如工厂和机场等，也可以保证其可观测性。

（5）洞察。

数字孪生模型可以作为理解和解释单个机器或是机器的组合行为的有效手段。

（6）系统集成。

正确的数字孪生模型，可以与后端的业务流程进行集成，从而实现包括制造、采购、仓储运输、物流、现场服务等业务的完整的供应链系统集成。

（7）颠覆性商业模式。

数字孪生不仅可以改善传统商业模式和价值链，还可以通过数据驱动产品及服务的商业模式创新，扩展新的商业价值体系，这些商业模式重新构建了一个新的生态系统，吸引了新的客户和合作伙伴，从而创造了新的机会和收入来源。

新技术的出现也意味着就业机会的增加和收入来源的扩大，这是数字孪生带来的社会效益。

（三）产品价值

实物的数字孪生可以提升工业产品在研发、运维等全生命周期内的效益。实物数字孪生应用的价值是通过虚实融合、虚实映射，持续改进产品的性能，提高产品运行的安全性、可靠性、稳定性，提升产品运行的“健康度”，从而提升产品在市场上的竞争力；同时，通过对产品的结构、材料、制造工艺等各方面的改进，能够降低产品成本，帮助企业提高盈利能力。

例如美国通用公司在其工业互联网平台上利用实物的数字孪生技术，对飞机发动机进行实时监控、故障检测和预测性维护；在产品报废回收再利用的生命周期中，可以根据产品的使用履历、维修物料清单和更换备品备件的记录，再结合数字孪生模型的仿真结果，判断零件的健康状态。

数字孪生可视化价值产品的设计和制造都离不开对物理实体的测量，包括物理实体的属性、参数和运行状态等。只有全面测量，才能够精准分析和优化。但是传统的测量方法成本高，效果也不够好。使用数字孪生技术就能够快速测量，而且很多数据可以直接采集，大大提升了测量的效率。例如智汇云舟（北京智汇云舟科技有限公司）参与了多项国家级重点项目建设，在数字乡村、军工、轨道交通、应急、智慧城市或智慧园区等领域积累了丰富的实施经验与实践结果。

（四）商业价值

在探析数字孪生的商业价值时，企业须重点考虑战略绩效与市场动态的相关问题，包括持续提升产品绩效、缩短设计周期、发掘新的潜在收入来源，以及优化保修成本管理。可根据这些战略问题，开发相应的应用程序，借助数字孪生创造广泛的商业价值。数字孪生创造的商业价值是非常明确的，主要体现在以下几个方面：

在产品质量方面，数字孪生可以提升整体质量，预测并快速发现质量缺陷，控制质量漏洞，判断何时会出现质量问题。

在保修成本与服务方面，数字孪生能够了解当前设备配置，优化服务效率，判断保修与索赔问题性质，以降低总体保修成本，并改善客户体验。

在运营成本方面，数字孪生可以改善产品设计，有效实施工程变更，提升生产设备性能，减少操作与流程变化，从而减少运营成本。

在记录保存与编序方面，数字孪生能够帮助创建数字档案，记录零部件与原材料编号，从而更有效地管理召回产品与质保申请，并进行强制追踪。

在新产品引进成本与交付周期方面，数字孪生将缩短新产品上市时间，降低新产品总体生产成本，有效识别交付周期较长的部件及其对供应链的影响。

在收入增长机会方面，数字孪生则能够识别有待升级的产品，提升生产效率，降低成本，优化产品。

除了上述商业价值领域，数字孪生还可协助制造企业构建关键绩效指标。综合而言，数字孪生可用于诸多应用程序，以提升商业价值，并从根本上推动企业开展业务转型。其所产生的价值可运用切实结果予以检测，而这些结果则可追溯至企业关键指标。

如今，各大厂商越来越重视数字孪生，并将其作为一种服务企业的方案和手段，可见其潜力巨大。可以说，数字孪生代表了继搜索和社交媒体之后的互联网“第三波浪潮”。《数字孪生》一书中写道，数字孪生技术是未来实体产业的基石，是一项产品全生命周期管理的颠覆性技术，不论是制造业、建筑业，还是航空航天领域，都会因数字孪生技术而发生革命性的变化。

因此，毫无疑问，数字孪生是一场现代工业的新生产要素的革命。

二 数字孪生带来的便利

数字孪生是通过对现实世界的人、事、物与空间等所有要素进行数字化，在信息空间映射出与现实相对应的虚拟世界孪生体。数字孪生技术凭借其特有的作用被应用到各个领域，它带来的便利具体表现在以下三个方面：

（一）对生活的帮助

1. 智能家居系统管理中心

物联网技术使人们的生活变得越来越智能化，因而需要一个中央管理系统对安全系统、电视网络、Wi-Fi、电冰箱、太阳能、电热水器、厨具设备、暖气片或中央空调等进行统一管理。未来十年内，大部分家庭都将拥有一个中央管理中心，数字孪生技术将变成其中的关键构成部分，也将变成对未来家庭需求管理尤为重要的智能化系统。

2. 健康监测与管理

在未来，每一个人都将拥有自身的数字孪生体。根据各类新式医疗检测和扫描仪器设备及可穿戴设备，可以完美地复制出一个数字化人体，并能够跟踪这一数字化人体每一部分的运动与变化，进而更好地展开健康监测和管理。

3. 人的大脑活动的监控与管理

人的大脑是自然界中最复杂的物品之一，许多国家的科技人员已经尝试通过数字化技术找到人类大脑的思维方法。比如，美国惠普公司已经与瑞士洛桑联邦理工学院协作进行 BlueBrain（世界上第一个人工大脑：蓝脑）新项目，致力于创建哺乳类动物大脑的数字模型，以求发现大脑运作原理，并运用大量的计算来仿真模拟大脑的运动、认知和管理等作用，进而帮助脑部疾病的诊断与医治。

（二）对社会的贡献

数字孪生技术对社会的贡献主要体现在数字孪生城市方面。从功能角度看，数字孪生城市一方面通过全域数字化实现由实入虚，映射并监测物理城市的运行状态，同时运用数据分析进行仿真决策；另一方面通过软件赋能和远程控制实现由虚入实，精准操控、智能优化现实城市。

数字孪生城市除了能够用数字信息重塑物理城市外，更核心的价值在于可以实现数字驱动治理。城市管理者可以天马行空，大胆地在数字孪生城市里进行仿真操作、试错，这只会用掉很少的成本，且更关键的是，行为是可逆的。通过“数字孪生城市”的模拟仿真，对城市产生的不良影响及潜在危险提前预判并提出合理可行的预案，进而引导物理城市的规划、建设、管理，减少决策失误。

数字孪生城市通过全域覆盖的感知体系、全网共享的城市数据资源体系、全时可用的城市大脑支撑平台，实现了数据驱动的城市道路预警、应急救援路线制定和信号联网优化。

例如杭州，它摒弃“数据己用”“交通专治”的固有观念，市政府协调交警、城管、建委等 11 个部门开放数据资源，联合阿里集团、数梦工场、浙大中控等公司的高端技术专家，进行政企合作实体化运作，搭建数据资源平台，在全域感知、数据处理运用和实时报警上发挥作用。

目前数字孪生已经在航空航天、装备制造、健康医疗、轨道交通，以及城市管理等 15 个大类、50 多个细分领域得到了应用。比如利用数字孪生技术可以构建城市的数字孪生体，对城市的交通红绿灯、井盖、探头等要素进行数字化管理，汇聚城市多维空间数据，从而助力实现智慧社区、智能出行、智能安防等，提升整个城市的治理水平，提高居民安全和幸福指数。当城市面临洪水侵袭时，数字孪生城市能够利用降雨量、地形等信息来预测城市积水情况，并基于建筑和人口分布模拟、制定与优化疏散策略，达到避免人民生命财产损失的目的。

当前，数字孪生城市被各个国家高度重视，如新加坡政府正在打造整个数字孪生新加坡，我国也在开展数字孪生雄安新区的城市规划与建设。可以说，当前各行各业的数字化转型和智能化升级，对数字孪生需求迫切，但数字孪生目前还处于研用初级阶段，未来将会形成一套成熟的理论体系、技术体系、工具体系、标准体系。

未来，全自动建模技术（简称 BIM，是一个从规划、设计、施工到管理各阶段统一协调的过程，是把使用标准的理念转换成相应数据的操作软件）将为城市创造基于图像扫描的城市数字模型，各种政务云服务平台为数字模型创造“生机”，覆盖城市的每条电缆线、配电站、废水系统、供水和排水设备、城市应急软件系统、Wi-Fi、高速公路、交通监控系统等所有能连接的地方。

（三）对环境的优化

近年来，随着环境问题愈加突出，公众对环境问题的关注也越来越多。采取合理有效的措施控制城市生态问题，已成为城市生态环境管理者面临的新挑战。但是，环境问题的形成是多种复杂因素共同作用的结果，传统的人工检查方法不仅难以真正从源头上消除可能威胁到城市环境的各种问题，而且无法取得城市环境治理的积极效果。特别是在当前城市快速发展、治理机构多样化、信息筛选复杂的情况下，城市环境问题更加突出。

智慧城市的发展以及数字孪生技术、人工智能、物联网等“互联网+”技术的广泛普及为城市环境治理带来了新的机遇。目前，在大中城市已经基本形成了基于物联网技术的城市环境监测预警网络，将大气、水、固体废物、噪声甚至光污染纳入控制范围。但是，在智慧环保的推广和应用中仍然存在一些突出的问题，值得城市管理者重视和思考。

这个时候就显示出数字孪生的巨大作用了。数字孪生系统可对环境管理的各个实体要素进行动态监测、动态描述、动态预测等，实时掌握生态环境的现状、异常和趋势，发现环境变化过程中的关系、规律，以支撑相关部门的环境管理决策。以下就是数字孪生技术在环境治理中的应用：

1. 建立数据驱动的共享能力

数字孪生的本质是以数据的流动实现数据驱动和物理世界的资源优化，因此基于感知设备采集到的各类真实世界的环境数据，包括污染源数据、气象数据、环境数据等，可以利用数字孪生对环保管理的实体各要素进行动态监测、动态描述、动态预测。

2. 建立环境治理数学模型支撑

数字孪生的核心是面向物理实体和逻辑对象建立数学模型或数据驱动模型，通过模型支撑实现物理空间和模拟空间的虚实交互，从而清晰地描述环境污染过程的内在关系和规律，可以在大范围内对区域、流域、空间环境进行数学模型模拟，并在此过程中对环境变量、干扰和决策变量进行准确的描述。

3. 建立预测预警机制

利用数字孪生建立的数学模型预测环境变化的可能性，在分析过去和预测未来的基础上对环境保护管理的行为进行监督、指导和决策。

数字孪生系统利用分析预测模型进行层次分析并解决问题，最突出的特点是分层比较、综合优化，在制订计划、资源分配、排序、政策分析、决策预报等领域都可以广泛应用。同时模型还可以依据目前已有的数据对未来的发展趋势做出预测，通过选取平均值作为计算的关键量，充分考虑空气质量的人为因素影响，运用平均值预测抵消极端情况，并预测出空气质量等级分布。

还可以运用优势分析的方法，全面地比较所有可能模型，增强预测变量解释力或预测标准变量的相对重要性。数字孪生系统运用这种方法，为分析和比较环境保护管理中特定环境变量的预测提供了全新途径，比传统数据分析和模拟仿真的方法更加谨慎和可信。

通过数字孪生技术及其数学建模的能力，还可以不断提升环境数据的使用率。鉴于环境数据的不确定性，数字孪生技术比传统的建模仿真更适用于解决环境治理方案中传统机理模型无法解决的非线性、不确定性问题。数字孪生技术与机器学习、深度学习构成一个不断进化的系统，对于环境变量中无法进行有效建模的干扰、非线性变量提出了有效控制方法，通过发现系统回归特性或关联关系，极大地提升了信息化手段在环境保护管理中的作用和价值。

三 数字孪生下的人文关怀

人文关怀的核心在于肯定人性和人的价值，其是对人的生存状况的关注、对人的尊严与符合人性的生活条件的肯定和对人类的解放与自由的追求等。通俗地说就是尊重人、关心人、爱护人。人文关怀思想的产生，和人类文明发展同步，与人们追求社会和谐、建设美好社会相适应。人文关怀思想是人类社会从古至今所有思想观念的大融合、大提升，是在对世界观、人生观、价值观、生命观、历史观等一切人的思想观念进行关照之下产生的新的价值观。

中国是一个有着五千年文明史的泱泱大国，中国传统文化是世界上不多的几种原生性文化之一，并且，中国是世界上最早提出人文思想的国家。这就决定了中国的人文关怀建设不可能抛开中国传统文化而重建。早在三千多年前，《易经》就提出了“刚柔交错，天文也；文明以止，人文也。观乎天文，以察时变；观乎人文，以化成天下”。植根于中国这片人文沃土中的人文关怀，汲取了道家“天人合一、道法自然”和儒家“以人为本”的哲学思想。

而当今中国的人文关怀，就是要坚持以人为本，全心全意为人民服务，促进人的全面发展，发展为了人民、发展依靠人民、发展成果由人民共享。

数字化社会呼唤更多的人文关怀。是经济服务于人，而不是人为经济服务，数字经济也不例外。数字经济是新技术革命的产物，是一种新的经济形态、新的资源配置方式。数字经济减少了信息流动障碍，加速了资源要素流动，提高了供需匹配效率，有助于实现各种协调发展，能够极大地提升资源的利用率。数字经济的最大特点就是基于网络，而网络的特性就是开放共享。

数字经济是构建信息时代国家竞争新优势的重要先导力量。在由信息革命引发的世界经济版图重构过程中，数字经济的发展将起着至关重要的作用。信息时代的核心竞争能力将越来越表现为一个国家和地区的数字能力、信息能力及网络能力。数字经济是供给侧改革的重要抓手，是推动“大众创业、万众创新”的经济，能为落后地区、低收入人群创造更多参与经济活动、共享发展成果的机会。

为此，数字经济呼唤更多的人文关怀。

参考文献

[1] 贾仕齐，韩丽，秦潮. 数字孪生应用与标准化需求研究 [J]. 信息技术与标准化，2021(11)：1-6.

[2] 陶飞，程颖，程江峰，等. 数字孪生车间信息物理融合理论与技术 [J]. 计算机集成制造系统，2017(8)：1-9.

[3] 王君弼. 智能城市中的数字孪生 [J]. 互联网经济，2020(7)：1-5.